Rentnerwitze

Justus Klingelhuber (Hrsg.)

Rentnerwitze

Bassermann

MIX
Papier aus verantwortungsvollen Quellen
FSC® C014496

Verlagsgruppe Random House FSC®N001967

ISBN: 978-3-8094-3154-1

8. Auflage 2020

Umschlaggestaltung: Atelier Versen, Bad Aibling
Bildnachweis: PantherMedia, Fotolia, Sammlung Georg Lehmacher
Projektleitung: Martha Sprenger
Herstellung: Sonja Storz

Layout und Satz: Atelier Lehmacher
Druck und Bindung: GGP Media GmbH, Pößneck

Printed in Germany

Ein Bratschist

kommt nach der Pensionierung

mit dem Instrument nach Hause.

Seine Frau:

„Ach – du warst Musiker?“

Ein Mann ist 65 geworden und geht zur Rentenstelle, um seinen Antrag zu stellen. Er zieht sich im Warteraum eine Nummer und wartet, bis er aufgerufen wird. Kurz bevor seine Nummer an der Reihe ist, stellt er fest, dass er seinen Ausweis vergessen hat. Es ist zu spät, ihn noch zu holen, also wartet er, bis er drankommt. Seine Nummer wird aufgerufen, und er betritt das Büro. „Guten Tag, entschuldigen Sie, ich habe meinen Ausweis vergessen!“ Die Dame antwortet: „Macht nichts. Ziehen Sie ihr T-Shirt hoch!“ Der Mann wundert sich, tut aber, wie gewünscht. Als die Frau das ergraute Brusthaar sieht, sagt sie: „Das reicht. Sie sind mindestens 65! Sie bekommen den Rentnerausweis.“ Nachdem die Formalitäten erledigt sind, geht der Mann nach Hause und erzählt es seiner Frau. Sie schaut nur kurz von ihrem Strickzeug auf und sagt: „Hättest Du Deine Hose runtergelassen, hättest Du auch gleich noch einen Behindertenausweis bekommen!“

Zwei Rentner treffen sich im Park.
„Na, was gibt's Neues? Wie geht's deiner Frau?"
„Der geht's gut. Sie hat endlich ihr
Idealgewicht erreicht."
„Ach so? Und wie viel wiegt sie jetzt?"
„Mit Urne dreieinhalb Kilo."

Beim Zentralfriedhof

Zwei alte Wienerinnen sitzen am
Bankerl beim Zentralfriedhof und warten auf die Bim.
Die eine zückt ihren Lippenstift.
Fragt die andere: „Wia oid sans'n leicht?"
Ochzig!"
„Und do schminken's ihna no?"
Pause.
Die 80-jährige: „Und wia oid san se?"
„Zwaraneinzg."
Die 80-Jährige: „Und do fohrn's no ham?"

Die Großeltern sind zu einem kleinen Spaziergang unterwegs. Er: „Schau mal, dort ist die Bank, auf der wir uns vor 50 Jahren kennengelernt haben!" Sie: „Ja, und noch immer ist kein Warnschild angebracht!"

Opa geht mit seinem Enkel zum FKK-Strand.
„Opa, warum hast du so große Füße?"
„Weil ich schon viel damit gelaufen bin."
„Opa, warum hast du so große Hände?"
„Weil ich schon viel damit gearbeitet habe."
„Opa, warum hast du so einen großen Kopf?"
„Weil ich schon viel damit gedacht habe."
„Opa, aber viel Pipi hast du noch nicht gemacht!"

Technisches Problem

Der Enkel ist neugierig:
„Opa, warum hast du eigentlich geheiratet?"
„Weißt du, in meiner Jugend gab es keine Waschmaschinen, keine Spülmaschinen, keine Mikrowellenherde, keine Staubsauger – da musste einfach eine Frau her!"

Opa ist beim Arzt und lässt sich untersuchen. Mit bedenklicher Miene rät ihm der Arzt zu einer Operation.
„Wird die sehr teuer?", erkundigt sich Opa.
„Diese Sorge können Sie getrost Ihren Erben überlassen."

Florian darf bei Oma übernachten.
Vor dem Schlafengehen sagt Oma:
„Du musst dich vorher noch waschen!"
„Muss ich nicht", lehnt Florian ab.
„Aber Florian, sieh mich an,
ich habe mich mein Leben lang
vor dem Zubettgehen immer gewaschen!"
„Ach", sagt Florian, „hast du
deshalb so viele Runzeln und Falten?"

Oma, für ihr Alter immer noch sehr attraktiv, war mit ihrer Freundin einkaufen. Stolz führt sie Opa eine knallrote Bluse vor. „Gefällt sie dir?"
„Naja ...", Opa ist nicht überzeugt. „Damit kannst du höchstens einen Ochsen wild machen."
„Genau das habe ich auch vor!"

Wisst ihr, warum Zivildienstleistende
Drückeberger genannt werden?

Wenn Opa drückt, müssen sie es bergen.

„Du, Gabi, Oma ist sehr krank.
Geh zu ihr und sag ihr was Nettes."
Gabi geht an Omas Bett und fragt:
„Du Oma, soll ich bei deiner Beerdigung
auf meiner Flöte spielen?"

Zwei Männer gehen von einer Halloweenparty nach Hause und beschließen, die Abkürzung über den Friedhof zu nehmen, schließlich passt das gerade richtig in die Stimmung. Mitten zwischen den Gräbern hören sie plötzlich ein Geräusch im Dunklen

… Tock-tock-tock …, tock-tock-tock …

Zitternd vor Furcht schleichen sie weiter und finden schließlich einen alten Mann, der mit Hammer und Meißel einen Grabstein bearbeitet.

Nachdem der erste sich wieder etwas von seinem Schreck erholt hat, fragt er den Mann: „Mein Herr, Sie haben uns fast zu Tode erschreckt … wir dachten schon, Sie wären ein Geist! Was arbeiten Sie denn hier mitten in der Nacht?"

„Diese Idioten!", murmelt der alte Mann. „Sie haben meinen Namen falsch geschrieben!"

Zahnlos

Kurtchen:
„Du Opa, was hättest du eigentlich lieber, eine hübsche junge Freundin oder ein Sahnebonbon?“
Opa schüttelt den Kopf.
„Dumme Frage, Kurtchen. Du weißt doch genau, dass ich keine Zähne mehr habe …“

Ein älterer Mann kommt zur Rechtsanwältin. „Ich möchte mich scheiden lassen. Bei uns gibt es nur noch Streit.“ „Oje“, meint die Anwältin mitfühlend. „Wann ging die Streiterei denn los?“ „Vor dreiunddreißig Jahren“, meint er. „Das war gleich nach der Hochzeit – meine Frau wollte unbedingt mit aufs Hochzeitsfoto!“

Franz geht mit seiner Frau über einen Friedhof spazieren. „Wenn ich einmal nicht mehr bin“, sagt er versonnen, „möchte ich verbrannt werden.“ „Typisch“, meint seine Frau bissig:

„Einfach gehen und den Dreck liegen lassen.“

Opa Karl, frisch pensioniert, kommt von der Sitzung des Kegelvereins nach Hause. „Sie haben mich zum zweiten Vorsitzenden gewählt!“, berichtet er stolz. „Da haben sie eine gute Wahl getroffen“, meint seine Frau. „Diese Rolle kennst du ja schon von zu Hause …“

Klein-Daniela entdeckt an den Schläfen ihres Großvaters die ersten grauen Haare.

„Opa, Opa, du schimmelst ja!“

Ein Mann geht in einem Park spazieren. Auf einer frisch gestrichenen Bank sieht er eine ältere Frau sitzen, welche ein Hörrohr neben sich liegen hat. Der Mann sagt: „Oma, die Bank ist frisch gestrichen.“ Die alte Frau hält sich das Hörrohr ans Ohr: „Wie?“ „Na, grün!“

Schreckgespenst

Es schlägt Mitternacht. Opa Huber, seit einigen Wochen Witwer, sitzt noch vor dem Fernseher. Mit einem Male schwebt vor ihm ein Gespenst. „Ich komme im Auftrag deiner Frau und soll hier spuken“, stöhnt es.
„Tu nur“, antwortet Opa Huber. „Solange sie nicht selbst kommt …“

Zwei alte Männer kommen in den Himmel.
Petrus öffnet die Pforte und fragt den ersten:
„Warst du schon im Fegefeuer?“
„Nein, aber ich war 40 Jahre lang verheiratet.“
„Das reicht, komm herein.“
Dann fragt er den zweiten: „Warst du schon im Fegefeuer?“
„Nein, aber ich war zweimal 20 Jahre lang verheiratet.“
Petrus schaut ihn kopfschüttelnd an.
„Dann bleibt dir die himmlische Pforte verschlossen.“
„Aber wieso denn das?“
„Unglückliche dürfen hinein – Dummköpfe müssen draußen bleiben.“

Was waren die heiligen drei Könige von Beruf?
Na, Rentner.
Sie legten die Arbeit nieder, zogen sich festliche Gewänder an und gingen auf die Reise.

Ehestreit im Hause Kramer. Man ist schon
beim Eingemachten angekommen.
„Wenn du vor mir stirbst“, ätzt Opa Kramer,
„dann lasse ich auf deinen Grabstein schreiben:
‚Hier ruht meine Frau – kalt wie immer‘!“
„Und wenn du vor mir stirbst“, kontert Oma Kramer,
„dann lasse ich auf deinen Grabstein schreiben:
‚Hier ruht mein Mann – endlich steif‘!“

Andere Länder, andere Sitten:
Was macht der englische Rentner morgens um acht Uhr?
Er trinkt seinen Tee und geht zum Kricketspielen.
Und was macht der französische Rentner um acht Uhr?
Er trinkt seinen Kaffee und besucht die Freundin.
Und was macht der deutsche Rentner
morgens um acht Uhr? Er wirft sich seine
Herztabletten ein und rennt zur Schwarzarbeit,
um die Rente aufzubessern.

„Herr Beckmann, Sie sind wirklich kerngesund!“, lobt der Internist den rüstigen Patienten. „Mit Ihrer Konstitution werden Sie mindestens achtzig Jahre alt!“
„Aber ich bin doch schon achtzig, Herr Doktor!“
Erwidert der Arzt triumphierend: „Na,
was habe ich Ihnen gesagt!“

Fahrverbot

Oma Trude steht vor Gericht. Körperverletzung.
„Es wäre besser, Sie würden Ihren Führerschein allmählich abgeben“, redet die Richterin der alten Dame eindringlich zu. „Sie haben nun schon zwei Fußgänger angefahren.“
„Ach, und wie viele darf man?“

Ein Paar, beide 78, bei einem Sexualtherapeuten:
„Was kann ich für Sie tun?“
„Würden Sie uns beim Sex zuschauen?“
Der Arzt schaut etwas verdattert, aber er willigt ein. Als das Paar fertig ist, sagt der Therapeut: „Es ist nichts Außergewöhnliches bei Ihrer Art Sex zu haben“, und verlangt 50 Euro für die Sitzung. Dieses wiederholt sich mehrere Male in den darauf folgenden Wochen:
Das Paar macht einen Termin, hat Sex ohne Probleme, zahlt den Arzt und geht. Irgendwann fragt der Arzt: „Was genau versuchen Sie bei mir herauszufinden?“
Der alte Mann sagt: „Gar nichts. Sie ist verheiratet und wir können nicht zu ihr. Ich bin verheiratet, wir können also auch nicht zu mir. Das Holiday Inn nimmt 90 Euro für ein Zimmer, das Kempinski 108 Euro. Bei Ihnen zahlen wir 50 Euro und bekommen noch 17 Euro Zuschuss von der Krankenkasse.“

Zwei alte Damen treffen sich regelmäßig jeden Montag im Wartezimmer des Hausarztes.Nur einmal ist eine von beiden allein da. In der nächsten Woche erkundigt sich die andere besorgt: „Was war denn letzte Woche los?

Warst du krank?“

Uroma Huber stürzt die Treppe hinunter. Der Arzt kommt, untersucht sie, behandelt sie und sagt zum Abschied: „Und drei Wochen lang kein Treppensteigen!“ Zwei Wochen später kommt ein Anruf vom Mütterlein: „Herr Doktor, kann ich nicht schon jetzt wieder Treppen steigen? Es wird langsam langweilig, immer die Dachrinne rauf und runter zu rutschen …“

„Mein Opa ist achtzig und joggt noch jeden Morgen drei Kilometer.“
„Toll, und was macht er am Nachmittag?“
„Da macht er sich auf den Heimweg.“

Opa Huber bekommt beim Augenarzt eine neue Brille. „Damit werden Sie Ihre Mitmenschen wieder richtig sehen können!“ Nach drei Tagen bringt Opa Huber die Brille zurück. „Es lohnt sich nicht …“

Opa steht nach dem Frühstück auf und zieht sich die Jacke an. Fragt die Oma: „Wo willst du hin?"
„In die Apotheke, Viagra kaufen!"
Die Oma: „Ich komme mit!"
„Warum denn das?", will der Opa wissen.
„Wenn du das rostige Ding wieder in Betrieb nehmen willst, brauche ich

eine Tetanusspritze!"

**Opa, 95, geht zur Beichte.
„Während des Zweiten Weltkrieges, vor über 60 Jahren, kam eine Frau in mein Haus und bat mich, sie vor den Deutschen zu verstecken."
„Du hast damit eine wundervolle und mutige Tat getan!", sagt der Priester. „Ja, aber ich war damals schwach und verlangte von ihr, sich mit Sex erkenntlich zu zeigen."
„Na ja", sagt der Priester, „ihr wart beide in großer Gefahr. Gott in seiner Weisheit wird Gut und Schlecht abwägen und dir vergeben."
„Danke!" Opa ist erleichtert.
„Aber muss ich ihr schon sagen, dass der Krieg vorbei ist?"**

Oma geht zur Vorsorgeuntersuchung. Der Arzt ist von ihrem Zustand restlos begeistert:
„Ich muss schon sagen, die 79 Jahre sieht man Ihnen nicht an, fast alles so wie bei einer 20-Jährigen, einfach toll. Und wie klappt es mit dem Sex? Einmal im Jahr?“
„Aber Herr Doktor …“ „Wie? Einmal im Monat?“
„…“ „Was? Einmal die Woche?“
„Herr Doktor, dreimal am Tag!“
Der Doktor sehr erstaunt: „Dann sind Sie ja eine Nymphomanin.“ „Was soll ich sein?“
„Eine Nymphomanin.“
„Herr Doktor, schreiben Sie mir das bitte auf, ich möchte das denen im Altersheim zeigen. Dort sagen sie immer zu mir, ich wäre ’ne alte Sau …“

Neulich im Park treffen sich zwei Achtzigjährige:
„Na, wie geht's denn so?“
„Fantastisch, ich hab eine neue Freundin!“
„Sag bloß.“
„Sie ist dreiundzwanzig, nächste Woche fahren wir zusammen in Urlaub.“
„Hui, wünsche viel Vergnügen, erzählst mir dann, wie's war?‘
Eine Woche später: „Na, wie war's?“
„Fantastisch! Essen, Konzerte, Theater, es war traumhaft.“
„Ja, und wie war's mit der Liebe?“
„Fast jeden Tag!“
„Fast jeden Tag???“
„Ja – fast am Montag, fast am Dienstag …!“

Geht ein Opa in den Puff und fragt eine der Damen nach den Preisen. „100 € im Bett, 20 € auf dem Teppich."
Opa gibt ihr einen Hunderter.
Meint sie: „Gell Opa, im Bett ist es doch am schönsten?!" „Wieso Bett?

Fünfmal Teppich!"

Warum soll es Viagra bald auch als Tropfen geben? Weil die Pillen nicht durch die Öffnung der Schnabeltasse passen ...

Beichte

Die alte Dame beichtet und der Pfarrer hört ihr geduldig zu. Nach einer halben Stunde unterbricht er sie jedoch und meint: „Gute Dame, wie wär's, wenn Sie sich ab nun auf Ihre eigenen Sünden beschränken würden?"

Bei der Visite im Krankenhaus bespricht sich der Chefarzt mit seinen Kollegen. Sie verwenden dabei so viele lateinische Fachausdrücke, dass es dem Patienten zu bunt wird.
„Können Sie nicht deutsch reden, sodass es ein normaler Mensch versteht?“, beklagt er sich.
„Ach nein“, sagt der Chefarzt, „Sie sollten sich schon einmal an eine tote Sprache gewöhnen.“

Ein 82-Jähriger beim Doktor.
„Ich werde nächste Woche nochmals heiraten, Herr Doktor.“
„Schön für Sie. Wie alt ist denn ihre Braut?“
„18“, erwidert der alte Mann.
„Ach du lieber Gott!“, sagt der Doktor, „Ich muss Sie warnen, jegliche Aktivität im Bett könnte tödlich sein.“
„In Ordnung“, sagt der alte Mann, „wenn sie stirbt, dann stirbt sie.“

Eine Postkutsche fährt durch den Wald.
Plötzlich kommt ein Räuberhauptmann aus dem Gebüsch gesprungen und schreit: „Alle aussteigen!"
Drinnen hört man einen kleinen Jungen:
„Die Großmutter auch?"
Der Räuberhauptmann: „Alle, hab ich gesagt!"
Der Räuberhauptmann weiter:
„Alle Frauen nackt ausziehen!"
Der Junge wieder: „Die Großmutter auch?"
Der Räuberhauptmann: „Alle, hab ich gesagt!"
Alle ziehen sich aus.
Der Räuberhauptmann weiter:
„Jetzt werden alle Frauen vergewaltigt!"
Der Junge besorgt: „Die Großmutter auch?"
Ruft die Großmutter: „Junge, halt's Maul!
Alle, hat er gesagt!"

Ein Rentner bucht einen FKK-Urlaub „all inclusive". Er fiebert dem Urlaub entgegen. Endlich ist es so weit. Schon beim Betreten der Hotelhalle haut es ihn von den Socken. Alle Gäste und auch die Hotelangestellten laufen völlig nackt durch die Gegend. Dann bringt ihn ein junges Mädchen auf sein Zimmer. Sie wünscht ihm einen schönen Aufenthalt und erinnert daran, dass er alle Annehmlichkeiten des Hotels nutzen könne, sofern er auch nackt sei. So legt er nun seine Kleidung ab und geht an den Pool. Beim Anblick all der schönen Mädchen regt sich sein bestes

Stück, worauf sich eine Dame sofort von der Liege erhebt und ihn anspricht:
„Sie haben gerufen?"
Er ist ganz verdutzt und weiß gar nicht, was er sagen soll.
„Nun", sagt sie, „Ihre Erektion bedeutet bei uns, dass Sie Sex haben wollen. Wollen wir aufs Zimmer gehen?"
„Das fängt ja gut an", denkt er und verbringt mit ihr eine herrliche Stunde auf seinem Zimmer. Während er sich anschließend von seiner Erschöpfung erholt, denkt er, dass ein kurzer Saunagang jetzt gerade recht wäre. Die Sauna ist gähnend leer.
„Alles für mich alleine, da kann ich mich richtig entspannen." Er legt sich hin und lässt so ordentlich einen fahren. Sofort geht die Tür auf und ein riesiger Masseur kommt herein:
„Sie haben gerufen?"
Der Alte ist wieder ganz verdattert.
„Furzen ist bei uns das Zeichen, dass Sie's mal so richtig von hinten besorgt bekommen wollen!"
Der Masseur sagt's und vernascht den Alten auf der Stelle. Am nächsten Morgen steht der Alte angezogen und mit gepacktem Koffer in der Hotelhalle. „Ich möchte abreisen", sagt er zu dem Mädchen an der Rezeption.
„Aber warum denn?"
„Wissen Sie, schönes Kind, ich bin in einem Alter, wo ich einmal in der Woche einen Ständer bekomme, aber zehnmal am Tag furzen muss!"

Meint der Opa zur Oma:
„Du, Schatz, eigentlich könnten wir doch mal wieder Sex haben."
Oma: „Ja, schon, aber nur wenn du ein Kondom benutzt!"
Opa: „Wieso das denn? Du kannst doch sowieso keine Kinder mehr bekommen!"
Da erwidert die Oma:
„Kinder nicht, aber Salmonellen, bei deinen alten Eiern ..."

In einem Altersheim freundet sich ein alter Mann mit einer anderen Heimbewohnerin an.
Er erzählt ihr, dass seine frühere Frau ihm jede Nacht den Penis gehalten habe, damit er besser einschlafen könne. Sie macht das Gleiche für ihn, und wirklich, er schläft jede Nacht schnell ein.
Nach einer Woche sagt er bedauernd:
„Tut mir leid, aber ich habe eine neue Partnerin gefunden."
„Aha", meint sie verwundert. „Und was hat sie, was ich nicht habe?"

„Zittrige Hände ..."

Ein Vertreter sitzt abends in einer
Dorfbar mit Varieté. Ein 80-jähriger Opa
kommt auf die Bühne und legt
eine Walnuss vor sich auf den Tisch.
Unter Trommelwirbel holt er seinen Penis
raus und zerschlägt damit die Nuss
in tausend Teile. Der Vertreter ist stark
beeindruckt. Einige Jahre später ist er wieder
in dieser Dorfbar zu Gast und freut sich
riesig, als er sieht, dass der
jetzt 85-jährige Opa immer noch auftritt.
Diesmal legte er sogar eine Kokosnuss
auf den Tisch. Trommelwirbel,
Penis raus, zuschlagen, Kokosnuss
zerspringt in tausend Stücke.
Der Vertreter ist völlig hingerissen
und geht begeistert zu dem Alten.
„Die Walnuss vor fünf Jahren war
ja schon Spitze. Warum nehmen sie
denn in Ihrem Alter jetzt sogar eine Kokosnuss?“
„Jo mei, die Augen werden halt schlechter …“

Verkehrshindernis

Auf der Autobahn. Opa Heinz fährt 80. Oma schaut in den Rückspiegel und sagt zu ihm:
„Fahr vorsichtig, Heinz, hinter uns ist ein Stau!“

Der Patient erwacht aus der Narkose und sagt erstaunt:
„Herr Doktor, Ihr Bart ist aber gewachsen, hat die
Operation denn so lange gedauert?"
„Erstens heiße ich Petrus, und zweitens habe ich
schon immer einen Bart gehabt!"

**Zwei Rentner sitzen im Park auf einer Bank.
Das Gespräch kommt auf die Frauen.
„Die bilden sich aber auch wirklich ein, alles
zu wissen", schimpft Opa Karl.
„Nun, meine gibt wenigstens von einer
Sache zu, dass sie sie niemals begriffen hat",
meint Opa Heinz. „Und die wäre?
„Warum sie mich geheiratet hat!"**

In der Bahn sitzt ein alter Mann im schwarzen
Anzug mit Schlips und Kragen.
Kommt der Schaffner und fragt den Herrn:
„Na Opa, wie alt sind wir denn?"
„Ich bin 97 Jahre alt."
„Und wo fahren Sie hin?"
„Zum Klassentreffen!"
Der Schaffner ganz perplex:
„Kommen denn da noch viele?"
„Nein, nein, seit 2 Jahren bin ich der Einzige ..."

Irrenhaus

Oma ist in der Klapse. Da sie nicht mehr so richtig laufen kann, macht sie sich einen Spaß daraus, mit ihrem Rollstuhl superschnell über die Gänge zu flitzen.
Eines Tages ist es mal wieder so weit, Sie rast mit Vollgas über den Gang, als plötzlich eine Tür vor ihr aufgeht und der verrückte Walter vor ihr steht.
„Haben Sie Ihren Führerschein dabei?"
Oma kramt ein altes Bonbonpapier aus ihrer Tasche und zeigt es ihm.
„Alles klar, Sie können weiterfahren."
Weiter geht die Fahrt über den Gang, schon wieder springt eine Tür auf und der bekloppte Erich steht vor ihr:
„Ihren Versicherungsnachweis bitte!"
Diesmal kramt Oma eine verknitterte Schokoriegelverpackung aus der Tasche und zeigt sie ihm.
„Alles klar und gute Weiterfahrt."
Jetzt gibt Oma alles, um die verlorene Zeit wieder einzuholen, und saust wie wild über den Flur.
Da öffnet sich eine dritte Tür und der bescheuerte Klaus steht da mit einer Mordserektion.
Oma: „Oh nein. Nicht schon wieder ein Alkoholtest!"

Kommt ein 94-Jähriger in heller Aufregung zum Arzt. „Herr Doktor, ich pack' es nicht, ich pack' es nicht. Ich bin 94, meine Frau ist 30 und kriegt ein Kind. Ich pack' es nicht, ich pack' es einfach nicht!"
„Nun mal ganz ruhig. Stellen Sie sich vor, Sie gehen am Sonntag im Wald spazieren und sehen einen Hasen. Sie legen Ihren Spazierstock an, zielen und rufen peng – und der Hase fällt tot um."
„Ja, ist doch klar!", sagt der alte Mann, „da hat jemand anderes geschossen."
„Sehen Sie, Sie packen's doch!"

„Läuft Ihr Mann auch dauernd den Mädchen nach?"
„Ja, aber seit seiner Pensionierung schafft er es nur noch, wenn es bergab geht."

Eine Frau sitzt bei der Wahrsagerin.
„Unheil kommt auf Sie zu", raunt diese verschwörerisch. „Der Mann, mit dem Sie seit 30 Jahren verheiratet sind, wird bald unverhofft ums Leben kommen!"
„Ja, ja, das weiß ich schon", sagt die Frau ungeduldig. „Ich will nur wissen: Werde ich freigesprochen?"

Reingelegt

Eine alte Frau steht weinend am Grab
ihres Verflossenen
„Der Schuft“, schluchzt sie,
„bis zum Schluss hat er mich hereingelegt!“
„Wieso denn das?“, erkundigt sich ihre Freundin.
„Drei Wochen lang habe ich ihm jeden Tag ein wenig mehr Pflanzenschutzmittel ins Bier getan, damit es nicht so auffällt – und was macht dieser Idiot? Er geht über die Straße und lässt sich einfach überfahren.“

Fritzchen rennt verzweifelt im Hof herum
und sucht seinen 80-jährigen Opa.
Als er ihn endlich gefunden hat, sagt er:
„Opa, ich hab eine gute und eine
schlechte Nachricht für dich.“
„Sag mir zuerst die gute!“
„Auf deinem Scheunendach stehen zehn
nackte Frauen!“
Der Opa wird schon ganz hektisch und
will sofort losrennen.
Da hält ihn aber Fritzchen zurück und sagt:
„Warte Opa, jetzt kommt die schlechte Nachricht:
Die nackten Frauen sind alle in deinem Alter!“

Oma liegt im Krankenhaus. Es sieht schlecht aus mit ihr. Sie fragt ihren Arzt, ob er ihr einen letzten Gefallen tun würde. Er bekäme auch 100 Euro dafür. Der Arzt denkt, 100 Euro kann ich gebrauchen, bürste ich die Oma noch mal richtig durch. Er macht das. Bei seinem nächsten Besuch ist die Oma aus dem Krankenhaus verschwunden. „Wo ist die Oma geblieben?"

„Sie ist nach Hause gelaufen, um die nächsten 100 Euro zu holen!"

Nach der goldenen Hochzeitsfeier liegt das alte Ehepaar im Bett. Die Gäste sind bei ihnen im Haus einquartiert. Sagt der Mann zu seiner Frau: „Kannst du dich noch erinnern, Liebling, vor 50 Jahren, unsere Hochzeitsnacht? Ich hab mir in den Finger geschnitten, damit alle glaubten, du seist noch Jungfrau!"
Antwortet sie darauf zu ihm: „Und? Soll ich jetzt ins Leintuch schnäuzen, damit alle glauben, du kannst noch?"

Ein Neunzigjähriger kommt in eine Apotheke und bestellt eine Viagra. Als sie ihm der Apotheker rüberreicht, fragt der alte Mann: „Können sie die nicht ein wenig kleiner machen?“ Der Apotheker nimmt sie, macht sie mit dem Mörser ganz klein und fragt den Mann, ob es so in Ordnung ist.
Der alte Mann sagt, es sei alles klar, nimmt einen Hundert-Euro-Schein aus der Tasche, rollt ihn zusammen, verteilt die gemahlene Viagra auf dem Tisch und zieht sich damit alles durch die Nase rein.
Der Apotheker: „Es geht mich ja nichts an, aber was soll das?“
Darauf antwortet der alte Mann:
„Wissen Sie, junger Mann, in meinem Alter, da spielt sich der Sex nur noch im Kopf ab …“

„He, wo hast du mein Ratgeberbuch ‚*Wie werde ich 120?*‘ gelassen?“
„Das hab ich verbrannt.“
„Wieso denn das?“
„Deine Mutter hat schon drin geblättert!“

Kommt ein Mann in die Leichenhalle:
„Könnten Sie nicht meine Frau auf dem Bauch beerdigen?“ „Guter Mann, das ist unmöglich, in Deutschland darf nur rücklings bestattet werden, da gibt es strenge Vorschriften.“
„Ich biete Ihnen 10.000 Euro, wenn Sie meine Alte auf dem Bauch in den Sarg legen!“
Die Scheine wandern in des Totengräbers Hosentasche.
„Aber, sagen Sie mal, warum bestehen Sie darauf, dass Ihre verstorbene Gattin bäuchlings beerdigt wird?“
„Ach Gott, man liest so viel über Scheintote – und wenn die Alte wirklich wieder aufwacht, dann soll sie nach unten graben!“

„Ist es ernst, Herr Doktor?“
„Nein, keine Sorge. Wenn es ernst wäre, hätten Sie schon längst meine Rechnung.“

Oma Huber macht ihr Testament. Der Notar hält alle ihre Verfügungen fest, liest sie ihr am Schluss auch noch einmal vor und erkundigt sich dann, ob das alles ist. „Zwei Dinge sind da noch“, sagt Oma Huber.

„Das erste ist: Ich möchte verbrannt werden."
„Kein Problem", meint der Notar und schreibt es auf.
„Und das zweite?"
„Ich möchte, dass meine Asche in Berlin über dem KadeWe verstreut wird."
„Warum denn das?"
„Weil ich dann sicher sein kann, dass mich meine Enkelinnen zumindest einmal im Monat besuchen kommen."

Nächste Stufe der Gesundheitsreform: Ältere Herren mit Prostata-Problemen werden nicht mehr behandelt. Begründung: Rentner haben Zeit zum Pinkeln ...

Uropa Meier ist gestorben. Er kommt in die Hölle. Dort angekommen, schaut er sich um und trifft einen alten Freund, der eine tolle Blondine im Arm hält.
„Ja hallo, du hast es aber gut. Bei deinem Lebenswandel hast du eigentlich nicht so eine Belohnung verdient!",
ruft er ihm zu. „Sie ist ja auch nicht meine Belohnung. Ich bin ihre Strafe ..."

Verjüngung

Nach der Schönheitsoperation fragt der Chirurg seine sichtlich verjüngte Patientin, ob sie mit dem Ergebnis zufrieden sei.
„Nicht ganz, Herr Doktor“, meint sie.
„Die Augen hätten ruhig etwas größer sein können.“
„Kein Problem“, sagt der Arzt.
Und zu seiner Assistentin gewandt:
„Bitte geben Sie der Dame ihre Rechnung.“

Opa Huber soll einen Vormund bekommen. Die Richterin fragt die Tochter: „Woraus schließen Sie, dass Ihr Vater nicht mehr in der Lage ist, seine Angelegenheiten selbst zu besorgen?“ „Vorgestern gingen Opa und ich in den Park. Wir kamen zu einer Telefonzelle. Er ging rein und kam einfach nicht mehr heraus. Nach einer halben Stunde schließlich bequemte er sich, die Telefonzelle zu verlassen. Dabei schimpfte er lautstark, dass der Fahrstuhl mal wieder nicht funktioniere.“

Walter kommt vom Begräbnis seiner Frau.
Mehr als dreißig Jahre lang waren sie verheiratet.
Als er das Haustor aufschließt, wird er von einem
Dachziegel getroffen. Benommen geht er zu Boden.
Nach einigen Minuten kommt er wieder zu sich,
rappelt sich wieder auf und murmelt:
„Sie scheint schon oben angekommen zu sein."

„Oma, Oma, unser Baby klappert mit den Zähnen!",
ruft Lieschen ganz aufgeregt.
„Unsinn, Kind! Das Baby hat doch noch gar keine Zähne!"

„Aber Oma, es klappert doch mit deinen!"

Zwei ältere Mitarbeiter der Firma sitzen
beim Mittagessen in der Kantine.
„Weißt du schon, was du machst, wenn du
demnächst Rentner bist?", bringt der eine die
Rede auf ihr Lieblingsthema.
„Oh ja", antwortet der andere.
„Dann lege ich mich in den Schaukelstuhl und tue
einmal drei Wochen gar nichts." „Und dann?"
„Danach werde ich ganz langsam
anfangen zu schaukeln."

Der schwerkranke Millionär röchelt seiner Frau ins Ohr: „Was soll nur aus dir werden, wenn ich nicht mehr da bin?" „Mach' dir keine Sorgen, mein Liebster. Jetzt stirbst du erst mal, und dann sehen wir weiter ..."

Zwei alte Männer wollen auf ihre alten Tage noch einmal etwas Spaß haben und ziehen durch die Stadt. Nach ein paar Schnäpsen landen sie in einem der Puffs. Die Bordellmutter schaut nur kurz zu den beiden alten Trunkenbolden hinüber und raunt dem Manager zu: „Geh, leg in die beiden ersten Zimmer eine aufblasbare Puppe. Diese beiden Kerle merken es eh nicht, und wir müssen nicht unsere echten Mädchen dafür einsetzen." Der Manager geht nach oben und tut, wie ihm befohlen, und die beiden Alten erledigen ihr Geschäft.

Auf dem Nachhauseweg sagt der eine zum anderen: „Weiß du, ich glaube, mein Mädchen war tot!"

„Tot!?", sagt sein Freund, „wie kommst du darauf?"

„Nun ja, sie hat sich kein einziges Mal bewegt oder einen Laut von sich gegeben, als ich sie liebte."

Der Freund meinte nur: „Könnte schlimmer sein, ich glaube, meine war eine Hexe."

„Wie kommst du denn darauf?"

„Als ich sie liebte, küsste ich ihren Nacken und biss sie ein wenig dabei, woraufhin sie laut furzte und aus dem Fenster flog ... und meine Zähne hat sie mitgenommen!"

Urlaubsbekanntschaft

Ein älteres Schweizer Ehepaar kommt im Urlaub am Londoner Flughafen an und nimmt sich ein Taxi zum Hotel. Die Fahrt dauert einige Zeit und so denkt sich der Fahrer, er könne mit seinen Fahrgästen ein bisschen Konversation treiben.
Er fragt also nach hinten:
„Where are you from?“
Der Mann antwortet: „We are from Switzerland.“
Seine Frau versteht kein einziges Wort Englisch.
„Was hat er gesagt?“
„Er hat uns gefragt, wo wir her sind, und ich habe ihm gesagt, dass wir aus der Schweiz kommen.“
Nach einiger Zeit fragt der Fahrer:
„And where do you live in Switzerland?“
Er: „We live in Basel“
Sie wieder: „Was hat er gesagt?“
Er, schon leicht genervt:
„Er hat gefragt, wo in der Schweiz wir leben, und ich antwortete, in Basel.“
Ruft der Fahrer aus: „Oh my God, in Basel I had the worst fuck in my whole life!“
Sie: „Was hat er gesagt?“
Er: „Er kennt dich!“

Oma und Opa gehen ins Kino.
Plötzlich erhebt sich Oma und krabbelt auf dem Boden rum. „Was krabbelst du denn da?" fragt Opa ganz leise.
„Ich suche mein Bonbon", antwortet Oma.
„Aber lass doch das blöde Bonbon liegen!"
„Das geht nicht, da hängen meine Zähne dran!"

Kommt ein 100-Jähriger mit seiner 98-jährigen Frau zum Anwalt und sagt: „Wir möchten uns scheiden lassen. Wir hatten 80 Jahre lang nur Krieg!"
„Und wieso kommen Sie erst jetzt??"
„Wir wollten warten, bis die Kinder unter der Erde sind!"

Der Arzt zu Uropa Schnitzler: „Ich habe eine schlechte Nachricht für Sie. Leider muss ich Ihnen sagen, dass Ihre Frau nur noch eine Stunde zu leben hat."
„Ach, das ist nicht so schlimm", meint Uropa gelassen. „Ich habe sie 42 Jahre lang ausgehalten, da kommt es auf die eine Stunde mehr auch nicht an."

Ein Mann besucht seinen 85-jährigen Großvater im Krankenhaus.
„Wie geht es dir, Opa?"
„Ich fühle mich prima, sagt der alte Mann.
„Schmeckt das Essen?"
„Hervorragend, köstliche Gerichte."
„Wie sind die Schwestern?"
„Auch das könnte nicht besser sein. Die jungen Schwestern kümmern sich rührend um mich."
„Und kannst Du gut schlafen?"
„Kein Problem, neun Stunden tief und fest, und das jede Nacht. Um 10 bringen sie mir eine Tasse heiße Schokolade und eine Tablette Viagra … und das ist es, ich schlafe sofort ein."
Der Enkel ist ein wenig beunruhigt und so fragt er die diensthabende Schwester vor dem Gehen:
„Was tun Sie meinem Großvater an?
Sie geben einem 85 Jahre alten Mann täglich Viagra? Das kann doch wohl nicht wahr sein!"
„Doch", antwortet die Schwester, „täglich um 22 Uhr bekommen die Hausbewohner eine Tasse heiße Schokolade und eine Tablette Viagra.
Und das wirkt ganz wundervoll. Die Schokolade macht müde und das Viagra verhindert,

dass er aus dem Bett rollt."

Im Kreise der gesamten Familie feiern Oma und Opa ihre Goldene Hochzeit. Zu vorgerückter Stunde bekennt Opa seinen Schwiegersöhnen: „Um ehrlich zu sein, ich habe in meinem Leben vielen Ehemännern die Hörner aufgesetzt!" Oma schmunzelt und meint versonnen: „Und ich nur einem einzigen ..."

Oma und Opa wollen mal wieder was richtig Ausgefallenes machen. „Wir können doch schön kochen und dann nackt essen", schlägt sie vor. Gesagt, getan. Als sie sich am Tisch nackt gegenüber sitzen, sagt sie zu ihm: „Ach Egon, mir wird so richtig warm ums Herz."
„Ja, dann nimm halt
die Brust aus der Suppe."

Opa Karl ist mit dem Auto unterwegs und gerät in eine Verkehrskontrolle. Der Polizist verlangt seine Papiere und wirft dann einen Blick ins Wageninnere.
„Ihr Auto hat ja gar keinen Tacho",
sagt er etwas überrascht.
„Braucht es auch nicht", sagt Opa Karl.
„Bei 30 klappert das Armaturenbrett, bei 50 klappert der ganze Wagen und bei 80 meine Zähne."

Leichenschmaus

Ein alter Mann liegt im Sterben. Röchelnd fühlt er den Tod nahen. Da dringt plötzlich ein himmlischer Duft in seine Nase. Ein kleiner Funke im hintersten Teil seines schwindenden Bewusstseins signalisiert:
„Anisplätzchen! Meine Lieblingsplätzchen!"
Mit letzter Kraft wuchtet er sich schwer atmend aus dem Bett … schleppt sich aus dem Zimmer … mühsam am Treppengeländer Stufe um Stufe hinunter ins Erdgeschoss. Am Ende seiner Kräfte angelangt, lehnt er schließlich im Türrahmen der Küche.
Hätte er nicht gewusst, dass er sterben würde, dann hätte er geglaubt, er sei schon im Himmel. Der ganze Küchentisch ist voll mit seinen geliebten Anisplätzchen, fein säuberlich auf Backpapier ausgebreitet, frisch und himmlisch duftend. War er vielleicht doch schon im Himmel? Oder war es ein letzter Liebesbeweis seiner Frau, mit der er seit über 60 Jahren verheiratet war?
Mit einer allerletzten Anstrengung lässt er sich gegen den Tisch fallen, sinkt auf die Knie. Seine alte, runzelige Hand zittert sich mühsam einem Plätzchen am Rande des Tisches entgegen. Plötzlich klatscht ein Kochlöffel auf seine Finger. „Finger weg", keift seine Frau, „die sind für die Beerdigung!"

„Oma, du bist wirklich süß",
sagt die kleine Denise zu ihrer Großmutter.
Diese antwortet trocken:
„Stimmt, ich habe ja auch Diabetes."

Ein 90-Jähriger hat eine 18-Jährige geheiratet.
In der Hochzeitsnacht fragt er sie:
„Sag mal, Kleines, hat dich deine Mutter
schon aufgeklärt?" „Nein", seufzt die Maus.
„Schade", stöhnt der Alte,
„ich kann mich nämlich auch nicht mehr
so richtig an die Geschichte erinnern ..."

Der Enkel zur Omi:
„Omi, was ist eigentlich ein Liebhaber?"
Omi schreckt auf: „Ach herrje!"
Sie hastet auf den Speicher – der Enkel
hinterher – und räumt sich
den Weg zu einem alten Schrank frei.
Als sie die Tür öffnet, fällt ihr ein
Skelett entgegen ...

„Mama, ich will nicht mehr mit Opa spielen!"
„Gut, dann räum die Knochen wieder unter den Schrank."

Besuch

Ein altes Ehepaar sitzt vor dem Fernseher,
als es an der Tür klingelt.
Er zu ihr: „Geh du mal, ist bestimmt für dich."
Sie geht und kommt kurze Augenblicke später zurück,
hinter ihr ein schwarzgekleideter Herr mit Sense
in der Hand.
Sie deutet über die Schulter:
„Ist doch für dich!"

Auf der Parkbank, auf der Opa Franz und Opa Heinrich sich immer treffen, sitzt eine junge Dame. Opa Franz kommt als Erster in den Park, setzt sich daneben und beginnt hemmungslos mit ihr zu flirten. Bald danach kommt Opa Heinrich dazu, sieht die beiden und fragt: „Und was machst du, wenn sie Ja sagt?"

Opa Bierbaum wird 90. Zu diesem Geburtstag hat
sich das Fernsehen angesagt, um ein Interview mit
ihm zu machen. Damit auch alles klargeht,
soll vorab schon mal geprobt werden.
Die Reporterin bittet nun Opa Bierbaum:
„Herr Bierbaum, wir möchten ganz kurz mit Ihnen
proben, was Sie nachher in unserer Sendung sagen.
– Herr Bierbaum, erzählen Sie doch unseren
Zuschauern einmal wie ein Tag eines nun
90-Jährigen abläuft.
Was machen Sie morgens als Erstes?"
„Da pinkele ich erst mal."
„Nein, nein, Herr Bierbaum, so geht das nicht!
Sie müssen sich schon etwas feiner ausdrücken.
Sagen Sie doch einfach: Dann uriniere ich. –
Also, Herr Bierbaum, was machen Sie morgens
als Erstes?"
„Da uriniere ich."
„Sehr schön. Und was machen Sie dann?"
„Dann kacke ich."
„Aber Herr Bierbaum, bitte. Sagen Sie doch:
Dann hab ich Stuhlgang. – Nun, Herr Bierbaum,
was machen Sie morgens als Erstes?"
„Da uriniere ich."
„Sehr gut, Herr Bierbaum. Wie geht Ihr Tag weiter;
was machen Sie dann?"
„Dann hab ich Stuhlgang."
„Prima! Und dann?"
„Dann steh ich auf!"

Ein Rentner geht am Nordseestrand spazieren, da entdeckt er eine Flasche, die ans Ufer gespült worden war und fest verkorkt ist. Er hebt sie auf und zieht den Korken heraus. Ein Flaschengeist erscheint, verneigt sich vor ihm und raunt: „Du hast mich befreit – zum Dank dafür hast du einen Wunsch frei."

„Dann möchte ich aussehen wie vor 25 Jahren."

„Das ist zu kompliziert. Hast du keinen anderen Wunsch?"

„Na gut, dann möchte ich verstehen, warum in diesem Jahr die Manager etlicher vom Staat geretteter Banken eine Erfolgsprämie bekommen, ich aber schon wieder keine Rentenerhöhung."

„Äh ...", sagte der Geist, „wie war das noch mit den 25 Jahren?"

Frau Huber liest ihrer verwitweten Mutter eine Kleinanzeige in der Lokalzeitung vor: „Liebhaber sucht alte Schatulle". Die alte Frau überlegt und meint dann zu ihrer Tochter: „Ich finde die Ausdrucksweise dieses Herrn zwar nicht besonders kultiviert, werde ihm aber trotzdem schreiben."

Die Oma zum Opa: „Eigentlich könnten wir wieder einmal so richtig schmusen wie früher."
Opa: „Du, ich habe aber mein Gebiss noch im Bad liegen!"
Oma: „Das macht nichts. Ich hab mein Gebiss auch am Nachtkästchen liegen lassen. Dann schmusen wir einfach auf den Felgen …"

Im Senat der Vereinigten Staaten wurde darüber diskutiert, ob denn nicht zu viele Generäle beschäftigt wären und man kam zu dem Schluss, eine Vorruhestandsregelung einzuführen:
Jeder General, der sich bereit erklärt, in den Vorruhestand zu gehen, bekommt zusätzlich zu seiner Pension eine einmalige Zahlung in Höhe des Abstands in Zentimetern von zwei beliebigen Punkten des Körpers mal tausend Dollar.
Drei Generäle wollen tatsächlich ihren Vorruhestand beantragen.
Der erste lässt sich vom Scheitel bis zur Sohle messen, kommt auf 1 Meter 90 und staubt $190.000 ab.
Der zweite General stellt sich auf die Zehenspitzen und streckt die Arme aus, wodurch er auf 2 Meter 30 kommt und $230.000 mit nach Hause nimmt.
Als der dritte General gefragt wird, zwischen welchen Punkten gemessen werden soll, antwortet er trocken: „Von der Spitze meines Gliedes bis zu meinen Hoden."

Schickt ihn der Sachbearbeiter in die medizinische Abteilung, um die Messung vornehmen zu lassen. Dort wird er aufgefordert, sich auszuziehen. Er lässt die Hosen runter und der Arzt staunt: „Mein Gott, wo sind ihre Hoden?"
„In Vietnam."

Älteres Ehepaar sitzt am Frühstückstisch. „Also mit der neuen Brille gefällst du mir gar nicht!"
„Wieso, ich hab doch gar keine neue Brille auf!"
„Aber ich."

Zwei Rentner treffen sich im Park.
„Du schaust heute aber sehr zerknittert aus", meint der eine.
„Ja, ich habe auch die ganze Nacht vor *Zahnschmerzen* kein Auge zugemacht."
„Das kann mir nicht passieren", sagt der Erste.
„Meine Zähne und ich schlafen getrennt."

Ein ziemlich altes Ehepaar sitzt im Schnellimbiss. Sie haben einen Hamburger gekauft, eine kleine Portion Pommes und einen Becher Cola. Der Mann teilt den Hamburger in zwei Teile und die Pommes in zwei gleich große Portionen. Schließlich fängt er bedächtig an, einen Hamburgerteil anzuknabbern, ein paar Pommes und einen Schluck aus dem Cola-Becher zu sich zu nehmen. Ein mitleidsvoller junger Mann vom Nebentisch steht auf und sagt zu den beiden: „Bitte erlauben Sie mir, Ihnen eine zweite Mahlzeit zu kaufen." Der alte Mann lehnt höflich ab und sagt: „Das ist furchtbar nett von Ihnen. Aber wir haben nicht viel Hunger und teilen alles miteinander." Die Frau aber schaut weiter zu, wie ihr Mann isst und nimmt nur einen Schluck aus dem Cola-Becher. Der junge Mann vom Nebentisch schaut zu und hat Angst, dass das mit dem Teilen nicht ganz stimmen könnte. Er geht wieder hinüber und fragt die Frau, worauf sie denn warte. „Auf die Zähne".

Die Oma macht sich fertig, um mit dem Rad wegzufahren. Fragt die Enkelin: „Wo fährst du denn hin?"

„Zum Friedhof, mein Kind."

„Und wer bringt das Rad wieder nach Hause?"

In einen fast leeren Bus steigt eine ältere Dame und setzt sich direkt hinter den Fahrer. Nach einiger Zeit beugt sie sich vor und fragt den Busfahrer: „Entschuldigen Sie, möchten Sie eine Nuss?“ Der Busfahrer bejaht die Frage und die ältere Dame steckt dem Busfahrer eine Nuss in den Mund. Nach einiger Zeit wiederholt sich die Frage und der Busfahrer isst noch einige weitere Nüsse. An der letzten Station will die Dame aussteigen und der Busfahrer fragt, warum Sie ihm die Nüsse immer einzeln angeboten hat. Da antwortet die ältere Dame knabbernd: „Ich esse für mein Leben gern Toffifee, aber die Nüsse, die sind mir einfach zu hart!“

Zwei Opas sitzen auf der Parkbank. Der eine: „Die Füße tun mir weh, das Kreuz tut mir weh. Eigentlich tut mir alles weh, ich fühle mich so alt!“ Der andere: „Ich fühle mich so jung wie ein Baby: Keine Haare, keine Zähne und angeschissen habe ich mich heute auch schon!“

Verkehrssicherheit

Eine ältere Dame geht neben dem Zebrastreifen über die Straße. Ein Polizist beobachtet sie dabei.
„Gnädige Frau, Sie müssen auf den Strichen gehen, nicht daneben."
Sie versteht ihn nicht richtig und antwortet entrüstet:
„Na hören Sie mal, das hab ich nicht nötig.
Ich hab schließlich meine Rente und kriege dieses Jahr sogar noch eine Erhöhung!"

~

Werner und seine Frau Ilse gingen jedes Jahr auf den Flugplatz. Und jedes Jahr hörte man Werner sagen: „Ilse, ich möchte einen Flug im Hubschrauber." Ilse antwortete immer:
„Ich weiß, Werner, aber der Hubschrauberausflug kostet fünfzig Euro, und fünfzig Euro sind fünfzig Euro!"
Einige Jahre später sagte Werner: „Ilse, ich bin 85 Jahre alt. Ich möchte jetzt den Hubschrauberflug, es könnte die letzte Chance sein."
Und auch dieses Mal antwortete Ilse: „Werner, aber der Hubschrauberflug kostet fünfzig Euro, und fünfzig Euro sind fünfzig Euro!"
Der Pilot hörte das Paar und sagte:
„Ich biete Ihnen einen Deal an. Ich nehme Sie beide gratis für einen Flug mit. Aber Sie

müssen dafür den gesamten Flug über ruhig bleiben und nicht ein Wort sagen. Wenn Sie ein Wort sagen, kostet es fünfzig Euro." Werner und Ilse stimmten zu. Der Pilot machte alle Arten von Manövern, aber kein Wort war zu hören.
Er machte seine waghalsigen Tricks immer und immer wieder, aber immer noch kein Wort.
Als sie landeten, wandte sich der Pilot zu Werner und sagte: „Himmel! Ich habe alles gemacht, was ich konnte, um Sie zum Schreien zu bringen, aber nichts – ich bin beeindruckt!"
Werner antwortete: „Also, ich sage Ihnen die Wahrheit, ich hätte fast etwas gesagt, als Ilse herausfiel. Aber Sie wissen doch: Fünfzig Euro sind fünfzig Euro!"

Zwei Jäger gemeinsam auf der Pirsch, beide weit über achtzig. Über ihnen kreist ein Drachenflieger.
„Schon erstaunlich, wie groß heutzutage die Raubvögel sind!"
„In der Tat!", pflichtet der andere bei. „Neulich habe ich auf einen geschossen, und da hat der doch glatt einen erwachsenen Mann fallen lassen!"

„Mama, Mama, darf ich Opa besuchen?“
„Du weißt doch, heute hat die
Anatomische Anstalt
geschlossen!“

„Endlich hat mein Mann mit dem Nägelkauen aufgehört“, erzählt die alte Frau Huber stolz ihrer Nachbarin.
„Wie haben Sie denn das gemacht?“
„Ich habe seine Zähne versteckt ...“

„Was ist das Geheimnis Ihres hohen Alters?“, will die Journalistin von der 90-Jährigen wissen.
„Ich esse jeden Tag sechs Knoblauchzehen.“
Die Journalistin rümpft die Nase:
„Na, ein Geheimnis ist das aber nicht!“

„Die heutige Jugend hat keine Manieren“, meckert ein älterer Mann im Bus.
„Aber eben hat Ihnen ein Junge einen Platz angeboten“, wundert sich sein Nachbar.
„Das schon, aber meine Frau steht immer noch!“

Ein Mann sitzt im Zug und kaut schwungvoll seinen Kaugummi. Die ältere Dame, die ihm gegenüber sitzt: „Junger Mann, es ist ja sehr freundlich von Ihnen, dass Sie mir so viel erzählen, aber leider bin ich völlig taub."

Zwei Rentner sitzen im Park auf einer Bank. „Ich bin seit achtundvierzig Jahren verheiratet und liebe immer noch die gleiche Frau", sinniert der eine. „Erstaunlich, das ist ja super!", sagt der andere. „Da wird deine Frau sich aber freuen." „Wieso freuen?", entgegnet der Erste entsetzt. „Sie darf nichts davon wissen! Wenn sie von dieser Geschichte erfährt, bringt sie mich um!"

Mütterchen sitzt im Park auf der Bank. Ein typischer Skinhead mit Glatze und Springerstiefeln setzt sich dazu. Sie betrachtet ihn eine Weile und meint dann mitfühlend: „Meine Güte, Sie haben's aber schon auch schwer, gell? Ich mein', so mit *orthopädischen Schuhen, und dann auch noch 'ne Chemo ..."*

Die Oma belehrt das Enkelkind
über ihre Hausmittelchen.
„Zur besseren Verdauung trinke ich Bier.
Bei Appetitlosigkeit trinke ich Weißwein. Bei niedrigem Blutdruck Rotwein, bei hohem Blutdruck Cognac, und wenn ich erkältet bin, nehme ich Rum."
„Und wann trinkst du Wasser?"
„Eine solche Krankheit hatte ich noch nie!"

„Großmutter, wie funktioniert das neue Hörgerät, welches wir dir zum Muttertag geschenkt haben?"
„Ausgezeichnet, ich habe jetzt schon zweimal mein Testament geändert!"

Ein älterer Mann wartete auf dem Operationstisch. Er hatte verlangt, dass der Schwiegersohn als bester Chirurg der Stadt ihn operieren solle. Vor der Narkose wollte er aber nochmal mit ihm reden und sagte zu ihm:
„Sei nicht nervös. Tu einfach nur dein Bestes. Und wenn's schief geht und mir etwas passiert, denk daran, dass deine Schwiegermutter ab dann bei DIR wohnt!"

Dorfältester

Ein Dorf ist berühmt für sein gesundes Klima. Ein Tourist fragt den Bürgermeister, was es damit auf sich habe.
„Woher es kommt, kann ich Ihnen nicht sagen", sagt der Bürgermeister. „Aber im Sommer mussten wir unseren ältesten Mitbürger vergiften, um endlich unseren Friedhof einweihen zu können."

Zwei Rentner sitzen im Park. Es ist kurz vor Monatsende.
„Ich kann schon seit Tagen nichts Ordentliches mehr essen", klagt der eine.
„Der Magen?", erkundigt sich der andere mitfühlend.
„Nein, mein Magen ist in Ordnung."
„Dann ist es bestimmt die Galle", will der andere helfen.
„Nein, meine Galle ist in Ordnung."
„Ist es vielleicht die Leber?", erkundigt sich der andere.
„Nein", seufzt der erste, „der Geldbeutel."

In der Buchhandlung. Oma fragt die Verkäuferin nach einem erotischen Roman. Die Enkelin staunt.
„Aber Oma, du liest doch sonst nur historische Romane!"
„Ganz recht, mein Kind", meint die Großmutter.
„Aber in meinem Alter ist Erotik bereits historisch!"

Zwei Rentner sitzen auf einer Bank im Park. Nach einer Weile wollen sie wieder nach Hause gehen.
„Oje“, klagt der eine, „meine Beine sind eingeschlafen.“
„Dann bin ich beruhigt“, meint trocken der andere. „So wie sie riechen, hatte ich schon Angst, sie seien bereits seit vier Wochen tot.“

Gleich nach seiner Pensionierung will es der *alte Playboy* nochmal wissen.
Er erfüllt sich einen alten Jugendtraum und kauft sich einen *Porsche.*
An der roten Ampel spricht er ein hübsches Mädchen an.
„Schönes Fräulein, wie wär’s mit einer Spritztour?“, flötet er. „Ich hab den Tiger im Tank!“
„Was nützt mir das“, gibt sie schlagfertig zurück, „wenn ein alter *Esel am Steuer sitzt?“*

Der smarte Geschäftsmann ist pleite.
Seine Freundin und seine Freunde verlassen ihn.
Ihm bleiben nur die Schulden. Er besteigt den Fernsehturm, will sich hinunterstürzen.
Da tippt ihm Uroma Grete auf die Schulter.
„Tu das nicht. Ich bin eine gute Fee und werde dir drei Wünsche erfüllen, wenn du heute Nacht bei mir bleibst."
Er lässt sich überreden und geht mit.
Am nächsten Morgen will er mit dem Wünschen beginnen. Uroma Grete unterbricht ihn.
„Wie alt bist du jetzt?"
„Fünfunddreißig. Warum?"
„Und da glaubst du noch allen Ernstes an gute Feen?"

Schampus

Der alte Mann liegt im Sterben. Seine jüngere Ehefrau umsorgt ihn liebevoll.
„Hast du noch einen letzten Wunsch?", fragt sie ihn.
„Ich könnte jetzt eine ganze Flache Champagner trinken!", bringt er heraus.
Sie holt sie und öffnet sie. „Aber nur ein Gläschen, Liebling. Der Rest ist für die Beerdigung."

Die alte Dame hebt am Bankschalter ihr ganzes Geld ab. Nach zehn Minuten kommt sie wieder und zahlt alles wieder ein.
„Warum haben Sie denn das Geld überhaupt abgehoben?", will der Kassierer wissen.
„Na, man wird doch schließlich mal nachzählen dürfen!"

Im Wilden Westen. Drei grimmig aussehende Männer sind dabei, einen gefesselten, heftig zappelnden Mann auf die Eisenbahnschienen zu legen.
Oma Nancy kommt vorbei und schaut ihnen interessiert dabei zu. „Es geht mich ja nichts an", meint sie schließlich, „aber auf dieser Strecke fährt seit acht Jahren kein Zug mehr."

Zwei alte Damen treffen sich im Café.
„Neulich habe ich deinen Mann am Strand gesehen", plustert sich die eine auf.
„Mit einer Blondine!"
„Na und?", bleibt die andere gelassen.
„Was hast du sonst erwartet? Für Eimerchen und Schaufel ist er ja wohl schon zu alt."

Schutzengel

Opas VW ist wie Opa selbst nicht mehr der Jüngste. „Immer, wenn ich schneller als hundert fahre, fängt es im Motor an zu klopfen“, erklärt er dem Mechaniker. „Was kann das sein?“
„Ihr Schutzengel …“

Ein schon etwas älterer Millionär erzählt in seinem Club, er werde demnächst wieder heiraten, eine superhübsche 20-jährige Blondine.
„Wie hast du denn das geschafft, mit 70 so eine junge Frau dazu zu bewegen, dich zu heiraten?“
„Ich habe ihr gesagt, ich wäre 90.“

Opa seufzt am Stammtisch:
„Ja, ja, die gute alte Zeit … Damals aßen die Fußballer ihre Suppe noch zu Hause und nicht im *Werbefernsehen!*“

Heinz: „Erinnerst du dich, Erna, wie wir das erste Mal Sex miteinander hatten, vor 50 Jahren? Wir gingen hinter diese Bar, lehnten uns gegen den Zaun und machten Liebe miteinander."

„Ja", sagt Erna, „ich erinnere mich sehr gut."

„Was hältst du davon, wenn wir nochmals nach hinten gehen und es wieder tun wie in den guten alten Zeiten?"

„Oh Heinz, du verrückter alter Teufel, das klingt wie eine verrückte, aber gute Idee."

Ein Polizist, der in der Nähe sitzt, hört die Unterredung mit und denkt:

„Das muss ich mir ansehen, was dabei herauskommt, wenn die beiden Oldtimer Sex am Zaun haben."

Das ältere Paar spaziert unsicher nach hinten, sich aneinander lehnend und auf Stöcke gestützt. Schließlich gelangen sie an die Rückseite der Bar und erreichen den Zaun. Die alte Dame hebt ihre Röcke und der alte Mann lässt seine Hosen fallen. Sie lehnt sich gegen den Zaun und plötzlich beginnen sie mit dem wildesten Sex, den der Polizist je gesehen hat. Das dauert ungefähr zehn Minuten, während sie laut stöhnen und schreien. Schließlich brechen sie beide zusammen und fallen zu Boden.

Der Polizist ist begeistert. Er glaubt, dass er etwas gelernt hat über das Leben und das Alter, was er vorher nicht wusste. Nach etwa einer halben Stunde Erholung auf dem Boden kommt das Paar wieder auf die Beine und sie ziehen ihre Kleider an. Der Polizist, der sie immer noch beobachtet, beschließt, sie nach ihrem Geheimnis zu fragen. Als das Paar an ihm vorbei geht, sagt er zu ihnen:
„Entschuldigen Sie, aber das war wirklich was Besonderes. Sie müssen ein fantastisches Sexualleben miteinander haben. Gibt es ein Geheimnis dafür?"
Immer noch zitternd, bringt der alte Mann mühsam heraus: „Vor 50 Jahren war das noch kein Elektrozaun."

Zwei Rentner auf der Parkbank.
„Ist was mit dir? Du wirkst heute so niedergeschlagen."
„Ja, ich habe gerade ein Buch mit einem sehr traurigen Ende gelesen."
„Was war das für ein Buch?"
„Mein Sparbuch."

Opa Werner und Opa Heinz sind seit kurzem Rentner.
„Manometer", beklagt sich Opa Heinz,
„mir ist jetzt immer langweilig. Was soll denn jetzt nur aus meinem Leben werden?"
„Das ist bei mir kein Problem!", sagt Opa Werner.
„Ich bin jetzt in der Forschung tätig. Das hält mich den ganzen Tag auf Trab."
„Oh", wundert sich Opa Heinz,
„was machst du da denn?"
„Ganz einfach: Gestern forschte ich zum Beispiel den ganzen Tag nach meiner Brille, weil ich Zeitung lesen wollte. Und heute forsche ich nach meinem Schlüsselbund, sonst kann ich nicht mehr in die Wohnung rein. Eins ist ganz sicher: Morgen gibt es wieder neue interessante Forschungsaufgaben ..."

Zwei alte Herren sitzen auf einer Bank.
Ihnen gegenüber ist eine Großbaustelle. Die öffentliche Toilette, die sonst dort stand, ist abgerissen worden. Stattdessen ist ein Holzhäuschen aufgestellt.
Meint der eine: „Pass mal auf, wenn eine Frau die Toilette benutzt, ist die so schnell wieder draußen, die hat dann noch nicht mal die Hose wieder an."
„Ach, Quatsch, das glaube ich nicht!"
„Na, dann pass mal auf. Du wirst sehen, das stimmt."
Einen Augenblick später erscheint eine junge Frau.
Nach nicht einmal einer Minute kommt sie, die Hose

noch nicht wieder hochgezogen, kreideweiß vor Schreck, aus der Toilette gerannt.
„Donnerwetter, das hätte ich nicht gedacht, du hast recht! Aber sag mal, woher hast du das gewusst?“
Grinst der erste: „Ich hab ein Tonbandgerät installiert, und wenn eine Frau ihr ‚Geschäft‘ verrichten will, schalte ich das Gerät an: ‚Bitte, rücken sie ein Stück nach rechts, hier unten wird gearbeitet! Wir können sonst nichts sehen.‘“

Opa Klaus humpelt durch den Park. Er kommt zur Bank, auf der Opa Heinrich schon auf ihn wartet.„Was hast du denn?“, will dieser wissen. „Rheuma?“ „Nein“, antwortet Opa Klaus. „Ich war Fußballspielen mit meinen Enkeln.“

Oma geht zum Arzt, und da sie etwas schlecht beisammen ist, bittet sie ihre Enkelin, sie zu begleiten. „Dann machen Sie sich bitte frei“, sagt der Arzt zu der

hübschen jungen Dame.

„Aber wieso denn, Herr Doktor“, greift Oma ein. „Ich bin doch die Patientin!“
„Oh“, der Arzt fängt sich schnell.
„Dann zeigen Sie mir bitte Ihre *Zunge.*“

Der Fernsehmechaniker wird von Oma Meier an der Haustüre abgefangen: „Tut mir leid, dass Sie umsonst gekommen sind, das Gerät ist in Ordnung ... Mein Mann und ich hatten bloß unsere Brillen vertauscht!“

Jagderfolg

Nach der Jagd geht der alte Jagdherr noch ins Wirtshaus. Dort trifft er auf den Landarzt. Er setzt sich zu ihm und will von den Erfolgen des Tages berichten.
„Wissen Sie schon, was ich heute erlegt habe?“
Der Arzt winkt ab. „Na klar, war schon bei mir in Behandlung.“

Die Oma sitzt zum ersten Mal vor einem Aquarium. Sie schaut begeistert hinein und fragt dann neugierig: „Und wie oft muss man die Pflanzen gießen?“

Drei Damen treffen sich bei einem
Kuraufenthalt. Die erste sagt:
„Ich bin schon 72 und spiele immer
noch Tennis."
Dann seufzt sie: „Aber wer weiß,
wie lange noch?"
Die zweite: „Ich bin 82 und jogge jeden
Tag 2 Kilometer im Wald."
Dann seufzt sie: „Aber wer weiß,
wie lange noch?"
Die dritte sagt: „Ich bin schon 92 und
immer noch Jungfrau."
Dann seufzt sie:
„Aber wer weiß, wie lange noch?"

Opa Erwin, der etwas schwerhörig
geworden ist, liest Enkel Kurtchen eine
Gutenachtgeschichte vor.
Nach einer Weile sagt Kurtchen:
„Du, Opa, kannst du nicht leiser vorlesen?
Ich kann sonst nicht einschlafen!"

Sinnvolle Investitionen

„Ich möchte ein Sparbuch eröffnen“, erklärt die alte Dame dem Bankangestellten, „und 1000 Euro einzahlen.“
„Kein Problem, gnädige Frau“, sagt der und greift zu den Unterlagen.
„Sagen Sie“, unterbricht sie ihn, „ist das Geld bei Ihnen auch sicher?“
„Ganz sicher“, sagt er, „Sie können ganz unbesorgt sein.“
„Und was passiert, wenn Sie bankrott gehen?“
„Dann bekommen Sie Ihr Geld von der Landesbank wieder.“
„Und wenn die auch pleite macht?“
„Dann kriegen Sie Ihr Geld von der Bundesbank wieder.“
„Und wenn auch die pleite geht?“
„Dann muss die Bundesregierung zurücktreten – und das sollte Ihnen nun wirklich die 1000 Euro wert sein.“

Die 17-jährige Luzia sagt zur Freundin: „Großvater hatte ganz recht, als er sagte, ich solle nicht in den Nachtclub gehen, weil es da Dinge gebe, die ich nicht sehen sollte!“
„Und? was hast du da gesehen?“
„Meinen Großvater!“

Eine alte Dame möchte nochmal so richtig durchstarten. Sie geht zum Schönheitschirurgen und erkundigt sich nach seinem Honorar.
„Nun, gnädige Frau", meint er, „mit acht- bis zehntausend Euro müssen Sie schon rechnen."
„Oh, das übersteigt meine wirtschaftlichen Möglichkeiten bei Weitem", antwortet sie bestürzt. „Kennen Sie keine günstigere Lösung?"
„Natürlich", kommentiert der Arzt trocken. „Einen Hut mit Schleier."

Die 95-jährige Großmutter ruft ihre Tochter an.
„Mir ist gerade ein Spiegel hingefallen",
berichtet sie begeistert.
„Aber das bedeutet doch sieben Jahre Unglück",
sagt die Tochter beunruhigt.
„Naja, das ist es ja. Das heißt aber auch, dass ich noch sieben Jahre vor mir habe – und ist das nicht toll?"

Treffen sich zwei Rentner im Park.
„Ich habe mir heute eine Packung Viagra gekauft",
berichtet der eine stolz.
„Wozu brauchst du denn das?",
interessiert sich der andere.
„Ja … das hab ich vergessen."

Opa hat ein sehr junges Mädchen geheiratet. Am Morgen nach der Hochzeitnacht fragt sie begeistert: „Es war wunderschön, Liebster. Macht man das öfter?"
„Eigentlich nicht", sagt der Alte, „es soll allerdings Lüstlinge geben, die das zweimal im Jahr probieren."

Kommt ein alter Mann ins Sanitätshaus und fragt die Verkäuferin:
„Haben Sie Bettpfannen?"
„Ja, natürlich."
„Haben Sie Toilettenstühle?"
„Ja, natürlich."
„Haben Sie Kompressionsstrümpfe und Stützkorsetts?"
„Ja, natürlich."
„Haben Sie auch Schnabeltassen in verschiedenen Ausführungen?"
„Ja, natürlich."
„Und wasserdichte Betteinlagen?"
„Ja, die haben wir auch, aber warum wollen Sie denn das wissen?", fragt die Verkäuferin.
„Ach, wissen Sie, meine Frau und ich, wir wollen demnächst heiraten und würden dann gerne bei Ihnen einen Hochzeitstisch machen!"

Kommt eine Oma mit einer Plastiktüte zur Bank und sagt am Schalter, dass sie zwei Millionen Euro anlegen möchte, „aber nur beim Vorstand persönlich". Die Dame am Schalter ruft beim Vorstand an und schickt die Dame dann hinauf. Dort angekommen, fragt der Vorstand die alte Dame, woher sie zwei Millionen Euro hätte. „Die hab ich beim Wetten gewonnen!" „Beim Wetten???", fragt der Vorstand. „Ja", sagt die Oma, „wenn Sie wollen, können wir auch wetten!" „Um was wollen Sie denn mit mir wetten?", fragt der Vorstand. „Ich wette mit Ihnen, dass morgen Mittag um 15 Uhr Ihre Eier eckig sind. Mein Einsatz: 500.000 Euro."Der Vorstand nimmt die Wette an. Die Oma ist kaum zur Tür hinaus, da ruft er seinen Arzt an und fragt ihn, ob das möglich ist. Der beruhigt ihn und gratuliert ihm zu 500.000 Euro. Nach einer sehr unruhigen Nacht mit mehrfachen Kontrollen der Eier ist es nun endlich 15 Uhr. Die Tür geht auf und die Oma betritt das Büro. „Hallo", sagt die Oma, „ich habe noch meinen Anwalt mitgebracht, als Zeuge dafür, dass hier alles mit rechten Dingen zugeht." „Kein Problem", sagt der Vorstand, „aber meine liebe Dame, Sie haben die Wette verloren, meine Eier sind nicht eckig." „Das müssen Sie mir natürlich beweisen", sagt die Oma. „Ich muss die Eier sehen und anfassen, sonst haben Sie verloren." Mit einem hochroten Kopf zieht der Vorstand die Hose runter und lässt die Oma an seine Eier. Wie erwartet, sind sie völlig in Ordnung. Erleichtert will er sich wieder anziehen, da fällt ihm etwas auf. „Ihr Anwalt ist gerade in Ohnmacht gefallen!" „Kein Wunder", sagt die Oma „Ich habe gestern mit ihm um eine Million Euro gewettet, dass ich heute dem

Vorstand der Bank an die Eier greife."

Unterhalten sich zwei über 90-jährige Rentner: „Kannst du mir erklären, warum du zu deiner Frau noch immer ‚Schatzi' sagst, obwohl ihr doch schon über 60 Jahre verheiratet seid?"
Ich weiß nicht mehr, wie sie mit Vornamen heißt …"

Opa und Oma sind zu Besuch bei den Kindern. Da findet Opa eine Packung Viagra im Medizinschrank. Er fragt seinen Sohn, ob auch er die Pillen verwenden könnte.
„Ich glaube nicht, dass du sie nehmen solltest. Sie sind sehr stark und sehr teuer."
„Wie viel?" „Das Stück kostet 10 Euro!"
„Das macht mir nichts aus", sagt der Opa. „Wenn ich sie probiere, bevor wir abreisen, lege ich die 10 Euro unter dein Kopfkissen."
Am nächsten Morgen findet der Sohn 110 Euro unter dem Polster.
„Ich habe doch gesagt, eine Pille kostet 10, nicht 110 Euro."
„Ich weiß", sagt der Opa, „die 100 Euro sind von der Oma!"

Beim Geburtstagskaffee fragt die kleine Susi ihren Opa: „Sag mal, wieso hast du Oma damals geheiratet?" Statt einer Antwort wendet er sich seiner Frau zu. „Siehst du, nicht einmal unsere Enkelin kann das verstehen!"

Opa Huber ist beim Arzt. Der untersucht ihn gründlich und meint dann mit bedenklicher Miene: „Herr Huber, Sie müssen etwas tun. Sie haben Wasser in den Beinen, Steine in den Nieren und Kalk in den Arterien." Opa Huber kratzt sich am Kopf. „Also, wenn Sie mir jetzt noch erklären, dass ich Sand im Kopf habe, dann überlege ich mir, ob ich auf meine alten Tage nicht noch mal baue."

Pflegedienst

Treffen sich zwei Rentner:
„Schläfst du eigentlich noch mit deiner Frau?"
„Ja, nur im Juli nicht. Da hat der Zivi, der mir immer rauf und runter hilft, Urlaub."

Immer mehr Senioren verschwinden
spurlos im Internet. Sie haben auf

[alt] und [entfernen]

gedrückt.

Der Reporter fragt den Hundertjährigen:
„Und worauf führen Sie Ihre gute Verfassung zurück?"
„Das kann ich noch nicht genau sagen."
„???"
„Das ist eine Geldfrage", flüstert der alte Herr.
„Ich verhandle noch mit zwei Matratzenherstellern,
einer Müslifirma und einem Weinerzeuger."

Paulchen feiert seinen Geburtstag mit seinen
Freunden. Oma kommt dazu und fragt, was sie
gerade spielen.
„Wir spielen: Wer die größte Lüge erzählt, bekommt
einen Kaugummi", klärt Paulchen sie auf.
Oma schüttelt den Kopf. „Also, als ich in eurem
Alter war, sind wir nie auf solche Ideen gekommen."
Die Freunde johlen vor Freude und Paulchen
klopft ihr auf die Schultern.
„Alles klar, Oma, du hast den Kaugummi verdient!"

Eine 92-jährige Oma kommt in die Volkshochschule und sagt: „Ich möchte gerne Hebräisch lernen – aber Althebräisch!“ Antwort vom Fräulein am Schalter: „Tut mir leid, das haben wir nicht in unserem Programm. Aber wieso wollen sie denn gerade diese Sprache lernen?“ „Damit ich mit Christus reden kann, wenn ich in den Himmel komme.“

Zwei Opas in der Werkstatt: „Wäre doch klasse, wenn man bei Menschen auch den Motor wechseln könnte.“ „Ach, weißt du – ich wäre schon mit einer neuen Stoßstange zufrieden!“

Abends an der Ausfallstraße unter den Bäumen. „Na, Süßer? Wie wär's denn mit uns beiden?“ Opa Meier zückt spontan einen Schein und steckt ihn der Prostituierten zu. „Hier“, sagt er, „das ist für das Vertrauen, das Sie noch in mich setzen.“

Der Richter zum 86-jährigen Angeklagten: „Sagen Sie mal, schämen Sie sich denn nicht, in Ihrem Alter noch ein Fernsehgerät zu stehlen?“ Darauf der Angeklagte: „Was soll ich denn tun, in meiner Jugend gab es doch noch gar kein Fernsehen!“

Fährt ein Opa mit der U-Bahn und stiert die ganze Zeit einen Punker mit einer roten Kammfrisur an. Plötzlich reicht es dem Punker und er schreit den Opa an:
„Hey Alter, hast du in deiner Jugend nie eine Sünde begangen?“
Sagt der Opa: „Oh ja, natürlich! Ich habe in meiner Jugend Hühner gefickt. Jetzt überlege ich die ganze Zeit, ob du mein Sohn sein könntest!“

Im überfüllten Bus spricht ein alter Mann seinen Nachbarn an: „Wie alt sind Sie?“
„Zweiundvierzig, warum?“
„Nun, meinen Sie nicht, dass Sie dann alt genug wären, um auf eigenen Füßen zu stehen?“

Die Jugend von heute

Klein-Max raucht in aller Öffentlichkeit eine Zigarette. Da kommt eine ältere Frau vorbei und meint: „Was würden deine Eltern wohl sagen, wenn sie wüssten, dass du schon rauchst?“
„Und was würde Ihr Mann wohl sagen, wenn er wüsste, dass Sie auf der Straße fremde Kerle anreden?“

Eine alte Frau geht zum Arzt und will sich die Pille verschreiben lassen. Der Arzt verwundert:
„Wieso wollen Sie mit 80 Jahren noch die Pille?“
„Weil ich dann besser schlafen kann.“
„Wie denn das?“
„Indem ich jeden Morgen eine Pille in den Orangensaft meiner 15-jährigen Enkelin gebe.“

**Oma Pischke gibt einem Bettler zwei Euro und ermahnt ihn: „Dass Sie mir aber keinen Alkohol kaufen!“
„Ihnen?“, fragt dieser, „wie käme ich denn dazu?“**

Eine 70-jährige Witwe entscheidet sich dazu, sich mal wieder einen Mann anzuschaffen, und gibt eine Kontaktanzeige auf:

„Suche Mann um die 70, du solltest mich weder schlagen noch auf mir herumtrampeln und immer noch gut im Bett sein.“

Am nächsten Tag klingelt es an der Tür.
Die Witwe macht auf, und sieht einen grauhaarigen Mann um die 70, der in einem Rollstuhl sitzt.
Er hat weder Beine noch Arme.
Er: „Ich komme wegen der Kontaktanzeige …“
Sie: „Aber Sie haben keine Beine …“
Mann: „Das stimmt, deswegen kann ich nicht auf Ihnen rumtrampeln.“
Frau: „Aber sie haben auch keine Arme …“
Mann: „Deshalb kann ich Sie auch nicht schlagen.“
Frau: „Aber wie wollen Sie denn noch gut im Bett sein?“
Mann: „Naja, ich habe an der Tür *geklingelt*, oder?“

Paulchen hat das Wochenende bei seinen Großeltern verbracht. Die Mutter will hinterher wissen, wie es war.
„Langweilig.“ „Wieso langweilig?“
„Opa und Oma saßen abends nur auf dem Sofa und hatten nichts an.“ „???“
„Ja, kein Radio, keinen Fernseher, kein Internet …“

Bei Meiers klingelt es an der Tür.
Die kleine Gertrud macht auf.
„Guten Tag, wir sammeln für das städtische Altersheim."
„Mami, Mami, da sind zwei Frauen, die sammeln für das Altersheim!"
„Na, dann gib ihnen doch den Opa mit!"

Zwei Omas schauen beim *Boxen* zu.
Da geht der eine Boxer zu Boden.
Der Ringrichter fängt an zu zählen: „1 ..., 2 ..., 3 ..."
Sagt die eine Oma: „Der steht nicht auf!
Den kenne ich aus der Straßenbahn."

Das Hausmädchen stolpert beim Servieren und gießt dem Gast versehentlich die Soße auf die Glatze.
Entsetzt hält die Tischgesellschaft den Atem an.
Da dreht sich der Gast zu dem verstörten Mädchen um und fragt:
„Meinen Sie wirklich, dass das helfen könnte?"

Zwei Rentnerehepaare sind mit dem Auto
auf der Autobahn unterwegs und fahren nicht
mehr als 81 km/h. Alle Brummis müssen sie
überholen, ein Verkehrschaos steht bevor.
Ein Polizist hält das Auto an.
Der Opa am Steuer fragt:
„Waren wir zu schnell?"
Polizist: „Nein, im Gegenteil:
Warum fahren Sie so langsam?"
Opa (verwundert): „Darf man hier denn
schneller fahren?"
Polizist: „Ich denke, 100 km/h darf man
hier ruhig fahren."
Opa: „Aber auf dem Schild steht A81."
Polizist: „Ja und?"
Opa: „Na, da muss ich doch 81 km/h fahren."
Polizist: „Nein, das ist doch die Nummer der
Autobahn."
Opa: „Ach so! Danke für den Hinweis."
Der Polizist bemerkt, dass die zwei Omis auf
der Rückbank des Autos mit einem Mal mit weit
aufgerissenen Augen steif dasitzen.
Fürsorglich fragt er den Opa am Steuer:
„Was ist denn mit den beiden Damen los?
Ist ihnen nicht gut?"
Da kichert der andere Opa:
„Doch, doch! Nur – wir kommen gerade
von der B 260!"

Oma Huber fährt mit dem Auto durch den Ort. Rechts neben der Straße besteigen zwei Arbeiter einen Telefonmast.
„Unverschämtheit!", schimpft Oma Huber. „So schlecht fahre ich nun wiederum auch nicht."

Bei der Gerichtsverhandlung.

„Zeugin, Sie haben ein falsches Alter angegeben", ermahnt der Richter die ältere Dame.
„Kein falsches, Herr Richter", wehrt sich diese, „nur ein früheres!"

Bei den alten Müllers hängt der Haussegen schief. „Andere Männer heben ihre Frauen in den Himmel!", schimpft Oma Müller. „Und du?" „Das würde ich auch", knurrt Opa Müller zurück, „wenn ich wüsste, dass du dann auch oben bleibst."

„Herr Doktor, mein Sexualtrieb ist zu hoch.
Was soll ich tun?"
„Wie alt sind Sie denn?"
„86."
„Respekt! In diesem Alter spielt sich die Sexualität normalerweise nur noch im Kopf ab!"
„Sage ich ja, Herr Doktor! Ich will ihn aber weiter unten!"

**Ein 60-Jähriger hat sich verliebt.
Doch seine Angebetete ist erst 30 Jahre alt.
Die Freunde raten ihm ab.
„Überleg mal, wenn du 70 bist, ist sie 40."
„Na und?"
„Und wenn du 80 bist, ist sie 50."
„Ja, und?"
„Und wenn du 90 bist, ist sie 60 – und was willst du dann mit so einer alten Frau?"**

Ein Haus brennt.
Ein Feuerwehrmann ruft von unten zum 3. Stock zu einer Oma hinauf: „Zähne zusammenbeißen und springen."
Da schreit die Oma zurück: „Einen Moment, meine Zähne liegen noch im Badezimmer."

Wundermittel

Der Marktschreier preist auf dem Wochenmarkt eine neue Wundercreme an. Angeblich macht sie alle Frauen um 40 Jahre jünger und lässt ihre Falten verschwinden. Eine 80-Jährige hört sich das an.
„Stimmt denn das wirklich? Man wird heute schließlich ständig übers Ohr gehauen!"
„Aber meine Dame, wie können Sie nur zweifeln!", tut der Marktschreier entrüstet. „Es handelt sich schließlich um das neueste Produkt der Wellnessforschung."
Und zu seiner 19-jährigen Gehilfin gewandt:
„Mama, gib mal dieser Dame eine Großpackung!"

Zwei Freunde treffen sich. Der eine berichtet, dass sein Vater vor ein paar Tagen gestorben ist. Der andere spricht ihm sein Beileid aus und erkundigt sich dann: „War euer Vater eigentlich noch geistig fit, als er starb?"„Das wissen wir noch nicht. Die Testamentseröffnung ist erst morgen.

Ein etwas älteres Ehepaar liegt im Bett. Er wird zärtlich.
Sie sagt: „Schatz, pass auf, ich hab's im Kreuz!"
Sagt er: „Gut, dass du das sagst!
Ich hätte es an der alten Stelle gesucht!"

Opa und Oma Krause sind zur Hochzeitsfeier ihrer Enkelin eingeladen. Zu später Stunde sitzt Opa Huber neben seinem Bruder. Beide starren fasziniert auf all die jungen, hübschen Frauen um sie herum. „Ganz schön viel Frischfleisch hier!“, stellt Opa Huber leicht angesäuselt fest. „Ja“, pflichtet ihm sein Bruder bei. Und wir sind mit unseren eigenen Konserven unterwegs ...“

Oma und Opa vor dem Schlafengehen. Sie tut sich Augentropfen rein, 2 Tropfen ins rechte Auge, 2 Tropfen ins linke Auge, 2 Tropfen auf die Vagina. Nach einiger Zeit fragt Opa, warum sie immer 2 Tropfen auf die Vagina gibt. „Ja, weißt du, die hat auch schon lange nichts mehr gesehen ...“

Tag der Offenen Tür im städtischen Altersheim. Einer der Besucher holt sich schon die dritte Tasse Kaffee und meint zu der netten älteren Dame, die ihn bedient: „Gnädige Frau, jedes Mal, wenn Sie mich

anlächeln, möchte ich Ihnen zuflüstern:
‚Besuchen Sie mich doch endlich mal!'"
„Ach, junger Mann", antwortet sie errötend,
„Sie sind aber ein Charmeur!"
„Nein", erwidert er trocken, „Zahnarzt ..."

Treffen sich zwei 80-jährige Männer:
„Wie geht es dir so?"
„Eigentlich nicht so gut. Ich muss gerade einen Bus-Führerschein machen."
„Warum denn das?"
„Als ich vorige Woche mit dem Auto gefahren bin, hat mich ein Polizist aufgehalten und gemeint, dass ich in meinem Alter besser mit dem Bus fahren sollte!"

Oma Meisel fährt mal wieder unbekümmert über die Kreuzung. An das *Hupkonzert* der anderen Autofahrer hat sie sich längst gewöhnt.
„Haben Sie denn die rote Ampel nicht gesehen?", schimpft der Polizist, der sie diesmal aufhält.
„Doch, die Ampel schon", meint sie schlagfertig,
„aber Sie nicht!"

Ein Rentner völlig aufgelöst beim Arzt:
„Herr Doktor, ich hatte seit Tagen keinen Stuhl."
Doktor: „Na dann setzen Sie sich erst einmal!"

Eheglück

Seufzt die Witwe: „Das Einzige, was mich am Tode meines Mannes trösten kann, ist, dass er nicht lange leiden musste." „Ach", sagt die Nachbarin, „wie lange waren Sie denn verheiratet?"

Der vierjährige Paul ist übers Wochenende alleine bei den Großeltern. Als es Abend wird, will er nicht schlafen gehen. „Soll ich dir noch ein Schlaflied vorsingen", fragt der Opa, „oder gehst du freiwillig ins Bett?"

Ein rotes Auto zischt mit überhöhter Geschwindigkeit durch den Ort, der Polizist hält es auf. Am Steuer sitzt eine ältere Dame. „Sind Sie verrückt geworden, mit 80

durch den Ort zu rasen?", fragt der Polizist aufgebracht.
„Junger Mann, Sie täuschen sich", erwidert die Fahrerin würdevoll.
„Von 80 kann keine Rede sein. Das ist nur mein Hut, der mich so alt macht."

„Ist Ihr Auto schon oft überholt worden?",
fragt der Werkstattbesitzer die
70-jährige Autofahrerin.
„Ja, sogar schon von Fußgängern."

Großvater geht mit seinem Enkel über Wald und Wiese spazieren. Dabei pflückt er einen Grashalm und steckt ihn sich in den Mund. Da jubelt der Enkel:

„Hurra, wir kriegen einen *neuen Mercedes!"*
Großvater will erstaunt wissen, wieso, worauf der Enkel antwortet: „Hat der Papa gesagt.

Wenn der Opa *ins Gras beißt,*
kriegen wir einen neuen Mercedes!"

Zwei altgediente Ehemänner sitzen im Park. „Meine Frau hat Kaffeekränzchen", stöhnt der eine. „Da gehe ich lieber. Oder hast du es jemals geschafft, diese Runde zum Schweigen zu bringen?" „Oh ja", meint der andere. „Das war sogar ganz einfach." „???" „Ich habe einfach gesagt: ‚Redet doch bitte nicht alle gleichzeitig, sondern nacheinander. Die älteste fängt an.' Da herrschte mit einem Schlag Stille."

Das Gebet eines langjährigen Ehemannes: „Lieber Gott, ich habe meine Frau sehr lieb. Aber wenn du sie noch lieber hast, dein Wille geschehe …"

Nach dem Tod seiner Frau will Paul die Schwester der Verstorbenen heiraten. „Ja, aber liebst du sie denn überhaupt?", erkundigt sich sein Freund Heinrich. „Nein, nicht besonders, aber ich habe keine Lust, mich in meinem Alter nochmal an eine neue Schwiegermutter zu gewöhnen."

Kirchengemeinde

Drei alte Damen unterhalten sich über den Rückgang der Kirchenbesucher:
„In unserer Gemeinde sitzen manchmal nur vierzig Leute zusammen."
„Das ist gar nichts. Bei uns sind wir oft nur zu zehnt."
„Bei uns ist es noch viel schlimmer", erklärt die dritte.
„Immer wenn der Pfarrer sagt: ‚Geliebte Gemeinde', werde ich rot …"

Treffen sich zwei Rentner, fragt der eine: „Na, wie geht's deinem Zucker?" Sagt der andere: „Der zuckt schon lange nicht mehr!"

Ehepaar in gesegnetem Alter. Er 104, sie 98. Beide kommen in den Himmel. Sie sind begeistert. Überall Luxus um sie herum. Fantastisches Essen, Faulenzen den ganzen Tag usw. Auf einmal wird der Mann ganz ärgerlich. „Du mit deinen dämlichen Knoblauchpillen. Das hätten wir schon vor dreißig Jahren haben können!"

Karin zu ihrer Freundin: „Als ich jung war, kniffen mich bei jeder Hochzeit in der Familie alle Tanten und Omas in die Seite und dann hieß es immer: ‚Du bist die Nächste'."
„Du Arme", meint die Freundin mitfühlend.
„Wie lange ging das so?"
„Bis ich anfing, auf Beerdigungen mit ihnen das Gleiche zu machen."

Zwei Rentner treffen sich im Park.
„Wie war's denn gestern beim Seniorenclub?", will der eine wissen.
„Ach, langweilig", meint der andere.
„Es gibt Menschen, mit denen kann man sich einfach nicht unterhalten. Die jammern nicht über ihre Nachbarn, nicht über ihre Rente und noch nicht einmal über ihre Gesundheit."

Abends liest der Opa dem Enkel am Bett Märchen vor. Er kommt und kommt nicht wieder. Die Mutter öffnet leise die Tür und flüstert:
„Ist er eingeschlafen?"
Der Kleine, ebenso leise: „Ja, endlich!"

Gebrechen

Zwei alte Freundinnen im Café.
Die eine klagt über ständige Zahnschmerzen.
„Aber du hast doch gar keine Zähne mehr",
meint die andere.
„Na und?", kommt die Antwort zurück.
„Du hast doch auch keinen Mann mehr und
trotzdem andauernd Migräne!"

Ein Rentner macht vor einer riesigen Baustelle
halt und fragt einen Arbeiter: „Wie viel Mann
arbeiten denn hier so?"
„Knapp ein Drittel", schätzt der Arbeiter.

Zwei Rentnerinnen beim Kaffeekränzchen.
„Mein Mann hat ein Glück", berichtet die eine.
„Wieso?", fragt die andere, „ich dachte,
er ist gerade gestorben?"
„Naja, schon, aber kurz vorher hat er eine hohe
Lebensversicherung abgeschlossen!"

Die Stewardess verteilt im Flugzeug
Kaugummi. „Das ist gut für die Ohren."
Älterer Herr nach einigen Stunden:
„Können Sie mir sagen, wie man das Zeug wieder
aus den *Ohren herausbekommt?*"

Ein Rentnerehepaar sitzt beim Frühstück und
bespricht die Ereignisse des vorigen Tages.
„Stell dir vor", sagt er, „mein Freund Franz hat sich gestern
den Kiefer ausgerenkt – so heftig musste er gähnen!"
Seine Frau zuckt die Schultern. „Hast du ihm wieder
mal deine Kriegsgeschichten erzählt?"

Ein Mann geht in den Ruhestand und bekommt von
seinen Kollegen einen Satz Golfschläger geschenkt.
Er entschließt sich, dieses Spiel einmal
auszuprobieren und Golfstunden zu nehmen.
Mit seinem Golflehrer trifft er schließlich auf dem
Platz ein und bekommt dort die Techniken erklärt.
Anschließend fordert der Lehrer den Mann auf:
„Schlagen Sie jetzt den Ball in die Richtung
der Fahne des ersten Lochs."
Der Mann holt aus und treibt den Ball quer

über den Platz. Einige wenige Zentimeter vom Loch entfernt bleibt der Ball liegen. „Und nun?", fragt der Mann den völlig verblüfften Golflehrer. Als dieser schließlich seine Sprache wieder gefunden hat, sagt der: „Ähm … nun müssen Sie den Ball in das Loch befördern." Daraufhin sagt der Mann mit vorwurfsvoller Stimme: „Warum sagen Sie mir das denn nicht gleich?!"

Ein Manta-Fahrer steigt mit seiner Oma in seinen Manta ein. Sagt die Oma: „Manni, kannst du mir nicht mal den Sitz vorstellen?" Darauf Manni ganz verdutzt: „Sitz – das ist meine Oma. Oma – das ist der Sitz."

Oma Schmidt ist seit längerer Zeit endlich wieder einmal beim Arzt. „Wie geht es Ihnen denn, Frau Schmidt?" „Ach, gar nicht gut." Sie seufzt. „Ich habe Kopfschmerzen, Halsweh, Ohrensausen, Augenflimmern, Kreuzschmerzen, ein steifes Knie, Verdauungsprobleme, Magenschmerzen und dicke Beine, vom Stechen in der Brust einmal ganz abgesehen. Herr Doktor, wissen Sie, was mir fehlt?" „Gar nichts", meint der Arzt beruhigend. „Sie haben ja schon alles."

Ein Rentnerehepaar kauft ein Haus im Allgäu für seinen Lebensabend. Nach ein paar Wochen kommt der Bürgermeister sie besuchen. „Wie geht es Ihnen? Gefällt es Ihnen in unserem kleinen Dorf, auch wenn wir etwas ab vom Schuss sind? Sie langweilen sich hoffentlich nicht bei uns? Was machen Sie denn so den ganzen Tag?“ Der Opa antwortet:

„Wecken. Um 7:00 sexuelle Aktivitäten,
danach Frühstück, wieder sexuelle
Aktivitäten, duschen. Dann gehen wir
auf den Markt einkaufen.

Um 11:00 Rückkehr vom Markt, sexuelle
Aktivitäten, kochen und wiederum sexuelle Aktivitäten,
Vorspeise, Essen, und sexuelle Aktivitäten zum Nachtisch.

Um 15:00 kleiner Spaziergang mit Madame.

Um 18:00 Rückkehr. Sexuelle Aktivitäten, um nicht aus
der Übung zu kommen.

Um 19:00 Abendbrot, sexuelle Aktivitäten.

Um 20:30 Abwasch und sexuelle Aktivitäten am
Spülbecken.

Um 21:00 ins Bett, da sehr müde ...“

Der verblüffte Bürgermeister fragt:
„Wie alt sind Sie denn?“

„Ich bin 86 und Margarethe wird 78 im Frühling …“

„Glückwunsch!“, sagt der Bürgermeister,
und erkundigt sich dann etwas besorgt.

„Und was exakt verstehen Sie unter
sexuellen Aktivitäten?“

Opa: „Sie geht mir auf den Sack ...“

Zwei alte Freundinnen treffen sich im Café.
Die eine ist seit kurzem verwitwet.
„Ach, mein armer Franz“, klagt sie.
„Wir waren über 40 Jahre lang unzertrennlich.
Und jetzt, wo er tot ist, will ich auch
nicht mehr länger leben.
Ich hoffe, ich werde ihm bald folgen!“
„Aber Gertrud“, meint die Freundin,

*„gönn ihm doch mal
eine Pause!“*

Die fremde Frau fragt den
kleinen Jungen vor dem Haus:
„Wo ist denn die Frau Lehmann?“
Der Junge: „Die ist nicht da!“
Die fremde Frau kommt nach
einer Stunde wieder und fragt
wieder den Jungen:
„Ist die Frau Lehmann noch nicht da?“
Der Junge: „Nein, die ist
auf dem Friedhof!“
„Sie müsste aber doch
bald zurück sein?“
Der Junge: „Das glaube ich nicht.
Die liegt schon über zwei Jahre dort!“

Tierliebhaber

Eine alte Frau mit einem Papagei, zwei Schildkröten, einer Katze und einem Hund will in den Zug einsteigen. Da meint ein Fahrgast: „Liebe Frau, das hier ist ein Zug und nicht die Arche Noah …“

Sitzen zwei alte Frauen im Altersheim am Fenster und schauen hinaus auf den Wald. Da sagt die eine auf einmal: „Die armen Vögel im Wald.“ Darauf die andere: „Ja, ja … und die Reichen im Bett.“

Eine alte Frau kommt in die *Buchdruckerei,* ihr Gesangbuch unterm Arm. „Wissen Sie, ich sehe schon so schlecht. Machen Sie mir doch aus diesen kleinen *Buchstaben größere.“*

Die frisch gebackene Witwe bespricht mit dem Beerdigungsunternehmer die Formalitäten der Beisetzung ihres Mannes.
„Warum wollen Sie unbedingt eine gläserne Urne?", fragt er etwas genervt.
„Mein Mann schaute immer so gern aus dem Fenster!"

Stehen zwei Rentner an einer Baustelle.
Fragt der eine: „Du, das Weiße da auf dem Gerüst, sind das Maurer oder Tauben?"
„Es bewegt sich! Also sind es Tauben!"

Nach 40 Jahren Ehehölle möchte Oma Theresa ihren Mann beseitigen. Sie geht in die Apotheke und verlangt Arsen. Die Apothekerin mustert sie streng.
„Sie wissen, dass ich Ihnen Arsen nicht so ohne weiteres geben darf?"
Oma Theresa zückt das Portemonnaie und zeigt ihr ein Foto ihres Mannes.
„Ach so", sagt die Apothekerin. „Entschuldigung. Dann liegt der Fall natürlich anders.
Ich wusste nicht, dass Sie ein Rezept dabei haben.
Reicht eine doppelte Portion?"

Ein altes Ehepaar sitzt wie immer gemeinsam beim Frühstück auf der Terrasse. Auf einmal holt die alte Frau aus und versetzt ihrem Gatten einen ordentlichen Haken. Eine Weile ist es still, dann fragt der Alte verwundert: „Wofür zum Geier war denn das?"
„Für 45 Jahre schlechten Sex!"
Er sitzt grübelnd auf seinem Stuhl. Nach einer Weile steht er auf und revanchiert sich mit einem mächtigen Schwinger.
„Was soll das?", schreit sie ihn an.
„Woher kennst du den Unterschied zwischen gutem und schlechtem Sex?"

Sitzen zwei Pensionisten auf einer Bank.
Sagt der eine zum anderen:
„Mich juckt die Hand – ich glaube wir bekommen mehr Pension!"
Sagt der andere:
„Du, mich juckt der Hintern – ich glaube, die scheißen uns was!"

Ein alter Schürzenjäger, der es einfach nicht lassen kann, versucht, mit der hübschen neuen Kellnerin in seinem Lieblingslokal anzubandeln. „Liebling, wo hast du dich bisher nur versteckt, sodass ich dir bisher noch nie begegnet bin?“ Charmant lächelt sie zurück: „Also in den ersten 40 Jahren Ihres Lebens hätten Sie mich gar nicht finden können. Da war ich noch nicht einmal auf der Welt.“

„Opa, warum dreht sich die Erde?“, will Kurtchen wissen.
„???“
„Ja, warum dreht sich die Erde?“
„Kurtchen, warst du etwa an meiner Schnapsflasche?“

Guter Jahrgang

„Das Ergebnis ist eindeutig“, sagt der Arzt nach der Untersuchung zu dem Herrn in den Sechzigern. „Ihrem Gesundheitszustand nach müssen Sie eines aufgeben: die Frauen oder den Wein. Was werden sie tun?“ „Ich möchte doch lieber von Fall zu Fall entscheiden – je nach Jahrgang.“

Oma will mit dem kleinen Paul den Inhalt aus
einem Überraschungsei zusammenbasteln.
„Das ist doch wirklich was für Idioten!",
verliert sie nach einer Weile die Geduld.
„Da müssen wir schon warten, bis der Opa kommt!"

**Zwei alte Pfarrer treffen sich
auf einer Pilgerfahrt.
„Wie geht es dir denn so?",
erkundigt sich der eine.
„Ach, stell dir vor, im Februar bin ich auf
der Kirchentreppe schwer gestürzt
und musste vier Wochen liegen."
„Was? Das ist ja entsetzlich!", meint der erste.
„Hat man dich erst so spät gefunden?"**

Opa erzählt seinem Enkel aus seiner Jugend.
„Damals in Alaska wurde ich von
acht Wölfen angegriffen ..."
„Opa, das letzte Mal, als du mir das
erzählt hast, waren es nur vier!"
„Damals warst du auch noch zu klein
für die ganze Wahrheit!"

Oma Grete wird beim Spaziergang von einem tollwütigen Fuchs gebissen. Sie kommt ins Krankenhaus. Dort verlangt sie plötzlich nach Papier und Bleistift. „Sie brauchen aber wegen einer möglichen Tollwutinfektion kein Testament zu machen!“, sagt der Arzt erstaunt. „Mach ich auch nicht“, erwidert Oma Grete. „Ich schreibe mir nur auf, wen ich jetzt gern beißen möchte.“

Drei ältere Herren gehen nörgelnd über den *Golfplatz*. „Die Spielbahnen sind einfach zu lang“, klagt der 70-Jährige. „Mir sind die Bodenwellen viel zu hoch“, jammert der 75-Jährige. „Und die Bunker sind zu tief“, brummelt der 80-Jährige.Dem jungen Caddy, der sie begleitet, wird es schließlich zu bunt: „Ich weiß gar nicht was ihr wollt, seid doch froh – immerhin spielt ihr noch auf der *richtigen Seite des Rasens!*“

Eine etwas in die Jahre gekommene Frau steht vor dem Schlafengehen nackt vor dem Spiegel und meint dann zu ihrem Mann: „Wenn ich das so sehe, fühle ich mich sehr alt. Meine Haut ist schrumpelig und schlapp, meine Brüste hängen beinahe bis zur Hüfte und mein Hintern ist total dick geworden ...“
Sie dreht sich zu ihrem Mann um und sagt: „Bitte, sag jetzt etwas Positives über mich, damit ich mich ein wenig besser fühle!“
Er überlegt einen Moment und meint dann: „Na, wenigstens scheint mit deinen Augen noch alles in Ordnung zu sein.“

Im Theater. Die Pause ist zu Ende. Ein älterer Herr geht suchend die Reihen entlang. „Verzeihung, gnädige Frau, bin ich Ihnen vorhin vielleicht auf die Zehen gestiegen?“ „In der Tat“, meint die Angesprochene spitz. Er entschuldigt sich noch einmal und strahlt dann seine Frau an: „Komm, Liebes, ich habe unsere Reihe wiedergefunden!“

Zwei Opas sitzen auf einer Parkbank.
Kommt ein junges Mädchen vorbei.
„Bei der möchte ich noch mal 20 sein."
„Bist du blöd?! Für fünf Minuten Spaß
noch mal 45 Jahre arbeiten?"

Oma Meier bittet ihre hübsche junge Nachbarin:
„Könnten Sie sich heute Nachmittag wohl vielleicht auf der Terrasse sonnen?"
„???"
„Es wird höchste Zeit, dass mein Mann den Rasen wieder einmal mäht!"

Englischunterricht

In der Grundschule von Hintertupfingen sollen die Kinder Sätze mit ‚wahrscheinlich' bilden.
Kurtchen meldet sich und sagt.
„Meine Oma geht mit der ‚Times' unterm Arm über den Hof."
„Aber da ist doch kein ‚wahrscheinlich' drin", kritisiert ihn die Lehrerin.
„Doch, doch", erwidert Kurtchen. „Wahrscheinlich geht sie aufs Klo, denn Englisch kann sie nicht."

Zu ihrem hundertsten Geburtstag schenkt der Bürgermeister der Stadt einer Bürgerin einen Gutschein über 1000 Euro. Der anwesende Reporter der Lokalzeitung fragt sie, was sie mit dem Geld tun werde. „Ich glaube“, erwidert sie sinnend, „ich werde es für meine alten Tage aufheben.

Überfüllte Straßenbahn. Auf einer Bank sitzt eine Oma, neben sich einen Rucksack. Ein junger Mann steuert auf den Rucksack zu, um sich zu setzen. „Junger Mann, Vorsicht, die Eier!“ „Oh, sind da Eier drinnen?“ „Nein, Stacheldraht!“

Opa Schneider schaut sich eine Wohnung an. Die junge Maklerin gibt sich alle Mühe. Sie zeigt ihm die Isolierglasfenster, weist auf die neuen Sicherungskästen hin, lobt die Versiegelung des Parketts und meint abschließend: „Diese Wohnung ist eine ideale Investition in die Zukunft.“ Das beeindruckt Opa Huber gar nicht. „Junge Frau, das mag zwar sein, aber ich kaufe schon lange nicht einmal mehr grüne Bananen!“

Drei Omas schwimmen einige Bahnen.
Nach zwei Stunden kommt die 60-jährige Oma raus.
Der Bademeister ist ganz begeistert und fragt die Dame:
„Sie waren bestimmt *Deutsche Meisterin* beim Schwimmen?"
Die Oma strahlt: „Ja, das war ich!"
Nach drei Stunden kommt die 70-jährige Oma raus.
Der Bademeister fragt begeistert: „Sie waren bestimmt *Europameisterin* beim Schwimmen?"
Antwortet sie: „Ja, genau."
Nach vier Stunden kommt die 80-jährige Oma raus.
Der Bademeister noch viel begeisterter: „Sie waren sicherlich *Weltmeisterin* beim Schwimmen!"
Die Oma antwortet darauf hin: „Nein, ich war *Prostituierte in Venedig* und habe Hausbesuche gemacht!"

Der Arzt redet der übergewichtigen älteren Dame nachdrücklich ins Gewissen. „Sie sollten langsam mehr für Ihre Gesundheit tun", sagt er. „Bewegung an der frischen Luft ist jetzt für Sie besonders wichtig." „In Ordnung", meint sie trocken, „dann fahre ich ab sofort bei offenem Fenster Auto."

Allerheilmittel

Eine alte Dame trinkt zum ersten Mal Whisky. Sie schnuppert am Glas, lässt den ersten Schluck genüsslich über die Zunge rollen, stutzt, überlegt eine Weile und meint dann: „Merkwürdig, das Zeug schmeckt fast genau so wie die Medizin, die mein seliger Mann zwanzig Jahre lang einnehmen musste."

Zwei Geschäftsleute richten einen Laden ein und haben sich zu einer Pause auf eines der leeren Regale gesetzt.
Sagt der eine: „Ich wette, da kommt gleich so ein seniler Senior vorbei, schaut in den leeren Laden und fragt, was wir hier verkaufen."
Er hat es noch nicht ausgesprochen, da bleibt ein Senior vor dem Fenster stehen, schaut rein und fragt dann:
„Was verkauft ihr denn hier?"
Einer der beiden angehenden Geschäftsinhaber sagt sarkastisch: „Arschlöcher."
Der Senior zuckt mit den Schultern:
„Das Geschäft muss ja gut gehen, wenn nur noch zwei übrig sind."

In der Lebensmittelabteilung des großen Kaufhauses stoßen zwei ältere Herren zusammen. Beiden ist das sehr unangenehm.
„Entschuldigen Sie, aber ich habe meine Frau verloren und suche sie nun schon seit einer halben Stunde", sagt der eine.
„Ach ja, ich suche meine auch", meint der andere.
„Wie sieht Ihre denn aus?", will der Erste hilfsbereit wissen.
„Blond, gut gebaut, 20 Jahre jünger als ich. Und Ihre?"
„Nicht so wichtig. Wir suchen Ihre!"

Ein Installateur steht vor der Himmelstür und beschwert sich bei Petrus, dass er schon sterben musste.
„Wie alt bist du denn?", fragt Petrus überrascht.
„Zweiundfünfzig."
„Wirklich?", staunt Petrus.
„Den von dir abgerechneten Arbeitsstunden zufolge müsstest du mindestens achtzig sein!"

Zwei Rentner sitzen auf einer Bank im Park. Kommt eine kesse, gut gewachsene Blondine vorbei. Sagt der eine Rentner zum anderen: „Otto, pfeif mal für mich. Ich habe mein Gebiss vergessen!"

„Ich weiß nicht, was Sie haben", wundert sich der Scheidungsanwalt. „Ihr Mann ist doch für sein Alter noch sehr rüstig!"
„Für sein Alter schon", meint die junge Frau, „aber nicht für meins!"

Nach dem Tod ihres Mannes fühlt sich Oma Schulze häufiger sehr allein und meldet sich auf eine *Kontaktanzeige.*

„Ich heiße *Rosine",* sagt sie beim ersten Rendezvous zu ihrem Gegenüber.
Dieser reagiert charmant.
„Oh wie gern hätte ich Sie bereits als *Weintraube* kennengelernt."

Ein altes Ehepaar möchte endlich einmal wieder in Urlaub fahren. Die Entscheidung fällt auf einen kleinen Ort in den Alpen mit großer Vergangenheit. Der Ehemann ruft an, um im ersten Hotel am Ort ein Zimmer zu bestellen. „Ja, mein Herr“, antwortet der Portier, „wir haben noch ein Zimmer frei, sogar ein besonders schönes: das Hochzeitszimmer.“ „Oh“, meint der alte Mann. „Wir sind aber bereits seit 42 Jahren verheiratet!“ „Das macht nichts, mein Herr“, beruhigt ihn der Portier. „Wenn ich Sie im Ballsaal unterbringen müsste, müssten Sie ja auch nicht die ganze Nacht tanzen …“

Zwei Damen stehen im Supermarkt in der Schlange und unterhalten sich. „Was macht Ihr Mann jetzt, wo er Rentner ist?“ „Er züchtet Kaninchen.“ „Hat er denn Ahnung von Kaninchenzüchten?“ „Er nicht, aber die Kaninchen!“

Der smarte Karl will seinen Freund Schorsch im Krankenhaus besuchen. Er war noch nie dort und findet den Weg nicht. Also bleibt er am Straßenrand stehen und fragt einen älteren Passanten. „Opa, wie komme ich am schnellsten ins Krankenhaus?“ „Indem du einfach nochmal Opa zu mir sagst!“

Ein alter Mann geht in die Apotheke und kauft Viagra. „Kann ich 6 Tabletten haben und könnten Sie die in Viertel schneiden?“ „Ich kann sie gern für Sie teilen“, sagt der Apotheker, „aber mit einer Vierteltablette bekommen Sie keine Erektion.“ „Ich bin 96“, sagt der alte Mann. „Ich will keine Erektion, ich will nur, dass er weit genug heraus steht und mir nicht immer auf meine Schlappen pinkelt ...“

Eine ältere Dame kommt zum Arzt. „Herr Doktor, ich habe diese Blähungen. Sie stören mich zwar nicht so sehr, aber sie sind schon lästig. Wirklich, ich hatte bestimmt schon zwanzig Blähungen, seit ich hier im Raum bin, obwohl Sie das nicht bemerken konnten, weil das ohne Geruch oder Geräusch passiert.“ „Nehmen Sie diese Tabletten und kommen Sie in einer Woche wieder.“ Nach einer Woche ist die Dame wieder da. „Herr Doktor! Was zum Teufel haben Sie mir da gegeben? Meine Blähungen sind zwar immer noch leise, aber sie stinken jetzt ganz fürchterlich!“ „Sehr gut. Jetzt, wo Ihre Nase wieder funktioniert, wollen wir uns um Ihr Gehör kümmern ...“

Urlaubsfreuden

Erna erzählt nach ihrem Urlaub in Afrika von Bananen, die besonders lang und dick waren. Sie ergänzt ihren Bericht mit Handbewegungen. Meint die schwerhörige Oma: „Das ist ja alles schön und gut, mein Kind, aber kann er dich denn auch ernähren?“

Anzeigenannahme der Lokalzeitung, eine alte Frau will eine Todesanzeige aufgeben. „Den Text bitte“, sagt die Mitarbeiterin der Zeitung.
„Hermann tot“, sagt die Frau.
„Und weiter?“, fragt die Mitarbeiterin.
„Das reicht.“
„Aber eine Todesanzeige hat immer mehr Gehalt!“
„Nein, das reicht so. Mehr kann ich mir nicht leisten.“
„Also gut. Wir fügen auf unsere Kosten eine zweite Zeile hinzu. Was sollen wir denn hinzufügen?“
„Hm, warten Sie ... ja, schreiben Sie noch: VW-Golf zu verkaufen.“

Woran erkennt man, dass man *alt ist?*
Daran, dass in der Apotheke die Verkäuferin einen fragt, ob sie die *Kondome als Geschenk* einpacken soll.

Opa geht mit Enkel Paul und dessen Freund Fritzchen in den Zoo. Als sie bei den Störchen ankommen, erklärt Opa: „Seht mal her, das sind die Tiere, die eure Geschwister gebracht haben!" Die Jungs stoßen sich an: „Was meinst du: Hat es noch Sinn, ihn aufzuklären, oder lassen wir ihn doof sterben?"

Ein 85-jähriger Mann kommt zum Arzt und klagt über seine nachlassende Potenz. „Das ist doch in Ihrem Alter ganz normal", erklärt ihm der Arzt. „Wieso? Mein Nachbar ist weit über 90, und der erzählt voller Stolz, dass er es noch jeden Tag mit seiner Frau macht", antwortet der Alte. „Na und? Warum erzählen Sie es nicht auch?"

Vor dem Bundeskanzleramt ist ein Rentner auf den Rücken gefallen. Frau Merkel hilft ihm auf: „Dafür müssen Sie nächstes Mal wieder SPD wählen.“ Sagt der Rentner: „Junge Frau, ich bin auf den Rücken und nicht auf den Kopf gefallen.“

Die Mannschaft wartet auf den Bus. Eine Eiskunstläuferin zeigt den anderen ein paar Dribbelschritte. Ein älterer Herr nähert sich, schaut einen Moment zu und bietet dann freundlich an: „Kommen Sie, junges Fräulein, ich zeige Ihnen, wo's ist!“

Fromme Wünsche

Das Gebet eines Senioren:
„Gib mir die Senilität, um die Leute zu vergessen, die ich nicht mag, gib mir das Glück, die zu treffen, die ich mag und gib mir genug Sehkraft, um den Unterschied zu bemerken!“

Oma im Beichtstuhl: „Herr Pfarrer, ich habe einen jungen Mann verführt!" Der Geistliche: „Na hören Sie mal, ich glaube Ihnen ja fast alles, aber das doch nun wirklich nicht!" „Na ja, es ist zwar schon über 60 Jahre her, aber ich beichte es halt noch immer gerne!"

Das betagte Ehepaar feiert goldene Hochzeit. „Weißt du noch, damals?", erinnert sie sich. „Du hattest es so eilig, dass ich nicht mal Zeit hatte, mir die Strümpfe auszuziehen!" „Ja, ja", meint der Opa nachdenklich, „heute hättest du genügend Zeit, dir vorher ein Paar zu stricken …"

Zwei Rentner sitzen auf einer Bank im Park. „Ich bin in letzter Zeit ganz richtig alt geworden", klagt der erste. „Wieso?", fragt der andere zurück. „Woran merkst du das?" „Immer, wenn ich meine Schnürsenkel zubinde, frage ich mich, was ich sonst noch tun könnte, wenn ich mich schon mal so weit hinuntergebeugt habe."

„Uroma, woran ist Uropa eigentlich gestorben?"

„An der *Grippe.*"

„Na, das war ja zum Glück *nichts Ernstes!*"

Ein älterer Gast bei einer Einladung: „Gnädigste, es stört Sie doch nicht, wenn ich so in aller Öffentlichkeit erzähle, wie ich im Laufe meines Lebens die Mädchen vernascht habe?" „Aber nein", lächelt die Gastgeberin, „jeder Invalide erzählt gern vom Krieg ..."

Kommt eine Omi von 80 Jahren zum Gemüsestand. „Was kostet der Salat hier?" Der Verkäufer: „Das Stück 50 Cent." „Und wenn ich 10 Stück davon nehme, was kostet er dann?" „Ja, dann kriegen sie ihn für 40 Cent pro Stück." „Wenn ich den ganzen Salat hier nehme, was kostet er dann?" „Dann bekommen Sie ihn für 30 Cent pro Stück." „Gut, packen Sie mir bitte den ganzen Salat hier ein!" Beim Einpacken fragt der Verkäufer: „Sagen Sie, was wollen Sie denn mit dem ganzen Salat? Haben Sie eine große Feier?" „Nein, nein, den pack ich zu Hause ins Bett. Mein Mann treibt's so gern im Grünen!"

Opa Erwin und Opa Franz sitzen im Park auf der Bank und gucken jungen Mädchen nach. „Schon erstaunlich, was die jungen Dinger heute alles herzeigen", meint Opa Erwin. „Ja, ja", stimmt Opa Franz zu, „wenn wir früher so weit waren, wie wir heute gucken können, dann hatten wir es meistens schon geschafft."

Das Kleid der Liebe

Eine junge Frau kurz vor ihrer Hochzeit.
Sie hat keine Ahnung, was sie in der Hochzeitsnacht anziehen soll, um möglichst verführerisch auszusehen.
Sie geht zur Mutter und fragt nach:
„Ganz klar, du ziehst dir ein aufregendes Nachthemd mit Spitzen an, das wird ihn garantiert nicht kalt lassen!"
Um auf Nummer sicher zu gehen, fragt die junge Frau auch noch bei ihrer Oma nach. Die gibt ihr den Tipp, doch nackt ins Bett zu gehen und ihm zu sagen, das sei das Kleid der Liebe.
Nun kommt die Oma aber auf den Gedanken, dass sie es doch auch mal wieder beim Opa versuchen könnte und legt sich abends nackt ins Bett.
Als Opa auch ins Bett steigt, fragt er verwundert:
„Was ist das denn?"
„Das ist das Kleid der Liebe!"
„Hättest es nicht ein wenig bügeln können?"

Zwei Fliegen gehen auf einer Glatze spazieren.
„Erinnerst du dich noch? Früher konnten
wir hier so gut Verstecken spielen."

Draußen blitzt und donnert es, der Sturm beutelt die Baumkronen, der Regen peitscht gegen das Fenster. Oma und Opa stehen am Fenster. „Weißt du noch, Liebling? In genau so einer Nacht haben wir uns kennengelernt!" „Ja ... und ich Idiot habe die Zeichen nicht verstanden."

„Ach ja", seufzt eine alte Dame, „die Jugend ist heutzutage viel *verdorbener* als zu unserer Zeit. Und es wird immer schlimmer!"
„Stimmt", bestätigt die Freundin,
„jetzt müsste man jung sein!"

Da war ein junger Mann, der sehr auf seinen Körper achtete. Er schaute auf sein Gewicht und auf einen gepflegten Körper. Eines Tages schaute er in den Spiegel und nahm zur Kenntnis, dass er überall schön gebräunt war, bis auf sein bestes Stück. Er überlegte, was er dafür tun könnte. Er ging zum Strand, zog sich komplett aus und grub sich in den Sand ein, mit Ausnahme seines besten Stückes, das aus dem Sand herausstand.

Zwei ältere Damen schlenderten am Strand entlang. Eine benutzte einen Stock. Als sie nun bei dem jungen Mann angekommen waren, berührte sie das aus dem Sand herausragende beste Stück mit dem Stock und sagte: „Es gibt keine Gerechtigkeit mehr auf dieser Welt!"

Die Freundin fragte, was sie damit meine und sie antwortete: „Als ich 20 war, war ich neugierig darauf, mit 30 genoss ich es, mit 40 habe ich darum gebeten, mit 50 zahlte ich dafür, mit 60 bettelte ich darum, mit 70 vergaß ich es und nun, wo ich 80 bin, wachsen die verdammten Dinger wild am Strand und ich bin zu alt, um in die Hocke zu gehen!"

Ein Mann kommt zum Arzt.
„Herr Doktor, wie kann ich
100 Jahre alt werden?"
Arzt: „Rauchen Sie?"
Patient: „Nein, Herr Doktor!"
Arzt: „Essen Sie übermäßig?"
Patient: „Nein, Herr Doktor!"
Arzt: „Gehen Sie spät ins Bett?"
Patient: „Nein, Herr Doktor!"
Arzt: „Haben Sie Frauengeschichten?"
Patient: „Nein, Herr Doktor!"
Arzt: „Wieso wollen Sie dann
überhaupt so alt werden?"

Der kleine Max bekommt von seiner Oma eine Wasserpistole zum Geburtstag. Vergnügt rennt er zum Waschbecken, um sie zu füllen. Seine Mama ist nicht so begeistert. „Aber Mama", sagt sie zu ihrer Mutter, „hast du vergessen, wie sehr du diese Dinger immer gehasst hast!" Diese schmunzelt und meint: „Nein, mein Kind, ganz und gar nicht ..."

Am Abend des *40. Hochzeitstags.*

„Siegfried", ruft die verführerisch hingebettete Ehefrau, „früher hast du an unserem Hochzeitstag immer meine Hand gehalten."
Er nimmt ihre Hand.
„Und dann hast du mich immer geküsst, Siegfried."
Er tut es.
„Und dann hast du mich immer ganz zart in den Busen gebissen!" Er wirft die Bettdecke zurück und stürzt aus dem Zimmer.
„Aber Siegfried, wo gehst du hin?"

„Ins Bad, meine Zähne holen."

Eine ältere Dame wird gefragt, warum sie nicht geheiratet hat.
„Ich habe einen Hund, der bellt, einen Papagei, der flucht, einen Kamin, der raucht, und eine Katze, die streunt. Warum sollte ich heiraten?"

„Herr Doktor, die Leute sagen, ich sei eine Uhr!“ „Keine Sorge, Frau Klein, die wollen Sie doch nur aufziehen!“

Eine betagte Oma steht am Bordstein und bittet einen jungen Mann: „Können Sie mir behilflich sein beim Überqueren der Straße?“ „Selbstverständlich“, sagt er. „Wir warten ab, bis es grün wird, und dann gehen wir gemeinsam über die Straße!“ Darauf die Oma: „Nein – bei Grün schaff ich das auch alleine!“

Liebeslyrik

Die Feier der Goldenen Hochzeit ist vorbei, alle Gäste sind gegangen, Opa und Oma machen es sich in ihren Lieblingssesseln bequem. Oma blättert in einem Gedichtband, den ihr die Schwiegertochter geschenkt hat. Da fällt ihr etwas auf.
„Du, Karl, hör mal: Hier hat ein gewisser Hölderlin das Gedicht kopiert, das du damals eigens für mich geschrieben hast!“

Im Altersheim sitzt eine uralte Frau zufrieden in ihrem Schaukelstuhl, strahlt versonnen vor sich hin und ist rundum zufrieden. Ein Besucher wird neugierig.
„Pardon, Sie sehen so glücklich aus. Gestatten Sie mir die Frage nach dem Geheimnis Ihrer Zufriedenheit?"
„Ach, das ist doch ganz einfach", meint die Alte. „Ich rauche täglich meine 70 bis 80 Zigaretten, trinke meine Flasche Whisky, bewege mich nicht mehr als nötig und vernasche jede Menge junger Männer – und das mein Leben lang."
„Das gibt es doch nicht", staunt der Besucher. „Darf ich fragen, wie alt Sie sind?"
„Sechsunddreißig."

Zwei ältere Leute leben in einem Seniorenzentrum. Er ist ein Witwer, sie eine Witwe. Sie kennen sich schon eine ganze Weile. Eines Tages gibt es ein kleines Fest im gemeinsamen Speisesaal.
Die beiden sitzen an einem Tisch einander gegenüber. Während der Mahlzeit wirft er immer wieder schmachtende Blicke nach ihr, und schließlich nimmt er sich ein Herz und fragt sie: „Wollen Sie meine Frau werden?"
Nach einigem sorgfältigen Nachdenken antwortet sie: „Ja, ja, ich will es!"

Das Festmahl endet mit einem herzlichen Gespräch und die beiden gehen auf ihr Zimmer. Am nächsten Morgen erwacht der Witwer und ist ratlos: Hat sie nun ja oder nein geantwortet? Er weiß es einfach nicht mehr. Voller Aufregung nimmt er das Telefon und wählt ihre Nummer. Erst zögert er und sagt, es sei doch ein sehr schöner Abend gewesen. Dann nimmt er seinen ganzen Mut zusammen. „Als ich Sie gestern fragte, ob Sie meine Frau werden wollen, haben Sie darauf mit Ja oder mit Nein geantwortet?“ Voller Freude vernimmt er aus dem Hörer: „Nun, ich habe Ja gesagt, und das von ganzem Herzen.“ Und dann fährt sie fort: „Ich bin so froh, dass Sie mich angerufen haben, ich wusste nämlich nicht mehr, wer mich gefragt hat!“

Oma und Opa gehen nach vielen Jahren mal wieder zusammen ins Bett und wollen es miteinander tun. Leider klappt es beim Opa halt nicht mehr und er kriegt keinen mehr hoch. Meint Oma tröstend: „Mach dir nix draus, Hauptsache, sie haben sich mal wieder gesehen …“

Der Dompteur zeigt mit seinem *Krokodil* Kunststücke. Als Höhepunkt hält der Dompteur sein *bestes Stück* in das Maul des Krokodils und haut dem Krokodil kräftig auf die Augen. Sofort schnappt das Krokodil zu. Nach einiger Zeit macht es das Maul wieder auf und der Schniedel ist noch heil. Der Dompteur ruft ins Publikum: „Wer will das auch mal probieren?"

Nach einiger Zeit steht eine *alte Oma* auf und ruft: „Ich mach's, aber nur, wenn Sie mir nicht so fest auf die Augen schlagen!"

Der Arzt verordnet Opa Schulze Rohkost. Beim Hinausgehen fragt Opa: „Ich habe das noch nicht ganz verstanden. Soll ich die Rohkost vor oder nach dem Essen zu mir nehmen?"

Oma und Opa gehen zum ersten Mal in ein Ballett. Am nächsten Tag fragt die Enkelin, wie es ihnen gefallen hat. Sagt Oma: „Sehr schön. Die Tänzerinnen waren alle so nett. Als sie gemerkt haben, dass Opa einzuschlafen begann, haben sie auf den Zehenspitzen weitergetanzt!"

Verspätung

Eine alte Dame zeigt dem Kontrolleur die Fahrkarte.
„Das ist ja eine Kinderfahrkarte, meine Dame!"
„Da können Sie mal sehen, wie lange ich auf diese Bahn gewartet habe!"

Am Abend bei den alten Hubers. Opa Huber schaut fern, Oma Huber strickt. Plötzlich meint Opa Huber: „Liebling, im Fall des Falles, wenn ich mal nur noch vor mich hin vegetiere, dann möchte ich nicht von einer Maschine abhängig sein. Versprichst du mir, dass du das verhinderst?" „In Ordnung", meint Oma Huber, steht auf und zieht den Stecker des Fernsehers aus der Dose.

Eines Abends bringt eine Familie ihre alte und gebrechliche Großmutter ins Altersheim. Schließlich lassen sie sie allein und hoffen, dass man sich gut um sie kümmern wird. Am nächsten Tag schaut die Familie wieder vorbei, um zu sehen, wie sich die alte Dame eingewöhnt. „Nun, wie gefällt es dir hier? Behandelt man dich anständig?“ „Es ist so weit ganz nett hier. Aber jedes Mal, wenn ich mich auf meinem Stuhl zur Seite geneigt habe, haben sie mich gleich wieder aufgerichtet. Dabei wollte ich doch nur mal furzen!“

Ein älterer Mann steht im *Supermarkt* an der Kasse. Fragt ihn die Kassiererin: „Haben Sie schon einen *Plastiksack?*“ Darauf der Rentner ganz entrüstet: „Fräulein, wo denken Sie hin?! Ich habe schon ein *Holzbein*, das genügt!“

Autopilot

Zwei runzlige Freundinnen fahren in ihrem dicken Auto durch die Stadt. Martha ist am Steuer und fährt voller Ruhe über die erste rote Ampel. Ihre Freundin Poldi ist höflich und sagt nichts. Zweite rote Ampel genauso. Poldi wird unruhig. Dritte rote Ampel ebenso. Poldi hält es nicht mehr aus: „Martha, Du bist jetzt dreimal bei Rot durchgefahren!“ Martha: „Oh verdammt, fahre etwa ich?“

Oma steht im Kaufhaus vor dem Regal mit Kondomen. „Super! Kondome mit Geschmack! Das probiere ich zu Hause aus!“, und kauft ein Sortiment. Zu Hause angekommen zeigt Sie es dem Opa. „Au ja, Kondome mit Geschmack – die testen wir sofort.“ Beide ins Schlafzimmer, Tür zu, Licht aus. Oma: „Mm, lecker. Gorgonzola …“ Opa: „Warte, ich muss ihn mir erst mal überziehen!“

Ein Ehepaar hat gemeinsam Geburtstag, beide werden 60. Kommt eine Fee und sagt zu ihr: „Du hast einen Wunsch frei!“ Sie überlegt kurz und sagt: „Ich wollte schon immer einen Nerz haben, nun wünsche ich mir einen schönen Nerzmantel.“ Schwupp, ist ihr Wunsch erfüllt. Nun fragt die Fee ihn, was er sich wünsche. „Ich möchte so gern mal mit einer 30 Jahre jüngeren Frau schlafen.“ Die Fee ist etwas erschrocken und fragt, ob er sich das wirklich wünsche. „Ja“, meint er, als er aus dem Augenwinkel sieht, dass seine Frau mit dem Nerz beschäftigt ist. „Nun gut. Auch dein Wunsch soll in Erfüllung gehen!“ ... und schwupp, ist der Mann 90!

Nach dem Sommer treffen sich zwei Rentnerehepaare im Park. „Na, was habt ihr denn diesen Sommer gemacht?“, fragt die eine Frau die andere. „Ach, nichts Besonderes. Wir haben Urlaub in Balkonien gemacht.“ „Kenne ich ja noch gar nicht. Wo liegt das denn?“ Brummt der Ehemann der anderen: „Das ist eine Diktatur in Mitteleuropa.“

Zwei Rentner sitzen im Park auf der Bank. Sagt der eine zum anderen: „Du, ich habe jetzt ein neues *Hörgerät,* das ist so gut, ich kann jetzt wieder alles hören!"
„Ist ja toll!", sagt der andere.
„Was hat es denn *gekostet?*"

„Halb fünf!"

Treffen sich zwei frisch gebackene Rentner im Park. „Weißt du", sagt der eine, „ich möchte gern in Würde alt werden." „Ja, wirklich?", meint der andere. „Ich lieber in Palma di Mallorca."

Oma ist bei den Kindern zu Gast und muss im Zimmer der kleinen Maria schlafen. Als sie abends schlafen geht, wird Maria wieder wach und beobachtet heimlich, wie Oma erst die Perücke abnimmt, dann die Zähne herausnimmt, dann die Kontaktlinsen und schließlich das Hörgerät entfernt. Als sie danach auch noch ihren Brustpanzer abstreift, wird es Maria zu viel, sie springt aus dem Bett und läuft zu ihren Eltern. „Mutti, Vati, ihr müsst schnell kommen, die Oma löst sich auf!"

Beichte

Im Altersheim merkt eine alte Frau, dass es mit ihr bald zu Ende geht, und schickt nach dem Pfarrer. Sie will ihre Sünden beichten. Als sie damit endlich fertig ist, ist der Pfarrer völlig erschüttert.
„Wissen Sie, was Sie mit diesem Sündenregister eigentlich verdient hätten?"
„Ach, Herr Pfarrer, aus Geld habe ich mir nie besonders viel gemacht."

Fürchterliche Enge in einer Straßenbahn. „Wenn Sie wollen", sagt ein hochbetagter Mann zu einem hübschen jungen Mädchen, „können Sie hier auf meinem Schoß Platz nehmen." Das Fräulein nimmt den Vorschlag an und setzt sich zögernd hin. Wenige Minuten sind vergangen, da wird der alte Herr etwas unruhig und sagt leise: „Ach, wissen Sie, mein Fräulein, würden Sie bitte wieder aufstehen? Ich bin wohl doch noch nicht so alt, wie ich dachte ..."

Eine alte Frau geht frühmorgens am Friedhof herum und sucht das Grab ihrer Freundin, aber sie findet es nicht! Sie geht und sucht … und geht und sucht … und geht und sucht … aber findet es einfach nicht. Schließlich sucht sie einen Friedhofswärter und fragt ihn nach dem Grab. „Das hab ich gerne", knurrt dieser. „Erst bis in die Morgenstunden ausgehen und dann nicht mehr nach Hause finden …"

~

„Oma, wieso hast du so *weiche Hände?*"
„Weil Opa immer *abwäscht!*"

~

Der Verstärker der Stereoanlage ist defekt. Opa Erwin trägt ihn ins Elektronikgeschäft zur Reparatur. Teuer darf sie aber nicht sein, das kann er sich nicht leisten. „Lohnt sich die Reparatur überhaupt noch?", will er wissen. „Das kommt ganz darauf an", entgegnet der Fachmann. „Wie alt sind Sie denn?"

Visite im Altersheim:

Chefarzt: „Sagen Sie mal ganz im Vertrauen, wann haben Sie denn das letzte Mal Sex mit einer Frau gehabt?"
Opa (stotternd): „Neunzehnfünfundvierzig."
Chefarzt: „Das ist aber schon lange her!"
„Wieso? Gerade mal 'ne halbe Stunde …
jetzt ist's zwanzigfünfzehn!"

Oma Ursel will unbedingt einmal im Leben nackt durchs Altersheim flitzen. Sie liegt der Heimleiterin so lange in den Ohren, bis die es endlich erlaubt. Also saust die alte Dame eines schönen Tages nackt durch alle Gänge. Zwei Rentner, die sie dabei beobachten, sind etwas ratlos. „War das nicht eben die Ursel?" „Weiß ich nicht genau. Was hatte sie denn für ein Kleid an?" „Konnte ich nicht genau erkennen. Gebügelt war es jedenfalls nicht!"

Ein Opa schaut in den Kinderwagen und fragt die junge Mutter: „Warum schreit denn der Kleine so schrecklich?" „Er bekommt die ersten Zähnchen", erklärt ihm die Mutter. „Na und?", wundert sich der Opa, „will er denn keine?"